Invitation à soutenir le projet de

Bien-aimés en Christ,

La Maison de Restauration est un autel de prière pour les nations. Par la fidélité de Dieu et votre soutien sacrificiel, nous avons acquis un terrain de 1 000 m² (30 millions FCFA / 54 000 $) en 2022. Depuis lors, 34 millions FCFA (60 200 $) ont été investis dans la documentation, la préparation du site et les fondations. Que Dieu vous bénisse pour votre engagement à nos côtés.

Nous avons maintenant lancé la phase suivante : construire et équiper une partie du complexe afin de ne plus louer et de commencer à accueillir les programmes du Christian Restoration Network sur place d'ici octobre 2026.

Le budget pour cette phase est de **30 millions FCFA (53 000 $)**, couvrant la construction et les équipements essentiels. Cet espace servira pour la prière, le discipolat, la formation des leaders et les conseils.

Nous vous invitons à vous associer à nous. **300 partenaires, chacun donnant 100 000 FCFA (165 $),** permettront de couvrir ce besoin, bien que chaque don compte.

Pour nous rejoindre, envoyez vos dons à :

652 382 693 (Ketu Isaac Nembo)

696 565 864 (Ketu Isaac Nembo)

0040812604565101 (Tangumonkem Godson Nembo)

godsonnembo@gmail.com

Ensemble, nous pouvons ériger un autel qui bénira des générations.
Merci, et que Dieu vous bénisse abondamment.

La Maison de RESTAURATION

RÉSEAU CHRÉTIEN DE RESTAURATION

Pasteurs Godson & Anna Tangumonkem

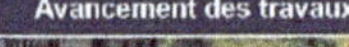

État d'avancement actuel du projet

Avancement des travaux

Cérémonie de pose de la première pierre

Pour toute question, contacter:
677 436 964 / 673 540 233

Ensemble, nous pouvons ériger un autel qui bénira des générations.
Merci, et que Dieu vous bénisse abondamment.

TEMPÊTE DE PRIÈRE

GUIDE DE PRIÈRE QUOTIDIEN

RÉCUPÈRE TOUT

MAI – JUIN 2026

Godson T. Nembo

RÉCUPÈRE TOUT

Publié au Cameroun par
Réseau chrétien de restauration
crnprayerstorm@gmail.com,
prayerstorm@christianrestorationnetwork.org

ISBN : 978-1-63603-349-5

Sauf indication contraire, toutes les citations bibliques sont extraites de la Sainte Bible, Louis Segond.

CONTACT

BP 31339 Biyem-assi, Yaoundé, Cameroun
Tel : (237) 679.46.57.17, 652.38.26.93 or 696.56.58.64
Émail : **godsonnembo@gmail.com** ou
contact@christianrestorationnetwork.org
www.christianrestorationnetwork.org

OÙ ACHETER CE LIVRE : CONFER LA DERNIÈRE PAGE

Boutique Tempête de prière en ligne : Avec MTN ou Orange Mobile Money *(pout les résidents au Cameroun)* et le portefeuille électronique *(pout ceux résidant à l'étranger)*, vous pouvez facilement obtenir la version électronique de ce livre et d'autres parutions du RCR via www.amazon.fr au

https://shorturl.at/pqxyT ou
www.christianrestorationnetwork.org/our-bookstore.
https://goo.gl/ktf3rT

VOUS POUVEZ ACCÉDER À TOUTES LES COPIES IMPRIMÉES DE NOS LIVRES POUR TOUTE DURÉE SPÉCIFIÉE À VOTRE PORTE.
Contactez le (237) 679465717 pour les détails d'abonnement et de paiement.

Traduit en Français par : Manuela Fotso : (237) 674647131/ 696067989 et Tatiana Iyeme : (237) 678143176

Imprimé à Yaoundé au Cameroun par Mama press : (237) 677581523

AU SUJET DES TÉMOIGNAGES :
Votre témoignage est une arme contre le royaume des ténèbres. Il est aussi une semence pour le miracle d'autrui. Partagez avec nous ce que Dieu a utilisé ce Guide de prière et nos livres pour faire dans votre vie ; par SMS, appel téléphonique ou émail.

DEVENEZ UN PARTENAIRE DU MINISTÈRE :
Composez le (237) 679.46.57.17 ou 674.49.58.95 ou 699.90.26.18 ou envoyez un email à :
crnprayerstorm@gmail.com ou
contact@christianrestorationnetwork.org

Envoyer votre soutien financier à :

- ECOBANK N° de compte : **0040812604565101**
- Carmel Cooperative Credit Union Ltd. Bamenda N° de compte : **261**
- ORANGE Mobile Money N° de compte : **699902618**
- MTN Mobile Money N° de compte : **674495895**

APPEL AUX DIFFUSEURS :

Si vous êtes intéressé par la distribution de ce guide de prière quotidienne Tempête de prière, appelez ou envoyez un SMS à l'un de ces numéros pour négociation : (237) 675.68.60.05 ou 677.43.69.64 ou 674.49.58.95 ou 699.90.26.18, ou envoyez un email à :
crnprayerstorm@gmail.com (cf. la dernière page).

TABLE DES MATIÈRES

ÉVÈNEMENTS IMPORTANTS/ANNONCES

PROGRAMME SPÉCIAL DE PRIÈRE		
CAMP DE PRIÈRE DE RESTAURATION 10e édition	**Lieu**	**Date**
	Yaoundé, Cameroun. Préparez-vous à faire part	***Du jeudi 6 au Samedi 8 août 2026***
Inscrivez-vous immédiatement par https://forms.gle/KfUyegrM5EeJXgP38. La participation est GRATUITE mais l'hébergement est payant. Faites vos réservations dès que possible. Contact WhatsApp : (237) 681722404 ou 679465717 ou Téléphonez : (237) 695722340 ou 652382693.		

PROGRAMME SPÉCIAL DE TEMPÊTE DE PRIÈRE			
	Thème	**Date**	**Rejoignez-nous chaque jour à minuit (GMT +1) sur YouTube, Facebook**
5 NUITS DE PUISSANCE AVEC LE PASTOR GODSON	**RÉCUPÉREZ *TOUT***	*Du vendredi 1er au mardi 5 mai 2026*	

PROGRAMME SPÉCIAL : JE PRIE POUR VOUS
Joignez-vous au Pasteur Godson pour une demi-heure de dévotion matinale **chaque LUNDI, MERCREDI,** et **VENDREDI** à parti de **6h** en directe sur Facebook, YouTube **@PastorGodsonNemboTangumonkem**

HEURE DE LA RESTAURATION
Joignez-vous au Pasteur Godson et Anna TANGUMONKEM pour l'HEURE DE LA RESTAURATION **tous les MARDIS** matin de **6h** à

7h30 dans la Salle des fêtes « Fontaine de grâce » à Jouvence, rue Mendong – Yaoundé, Cameroun.

Un moment d'intercession prophétique pour les individus, les familles et les nations.

ANNONCES

- Festival de feu Tome 1-5 et Le pouvoir doit changer de camp Tome 1-10, à présent disponibles à 3.000 FCFA et 2.500 FCFA respectivement. Passez vos commandes dès aujourd'hui.
- Abonnez-vous annuellement au Guide quotidienne de prière à partir de 10.000 FCFA pour vos copies numériques.
- Tous nos ouvrages sont disponibles au siège social du CRN : 1er étage du bâtiment à étages, Entrée Lycée de Tsinga, village, en bordure de la route principale. **Contacts :** 681.72.24.04, 695.72.23.40
- Caisse populaire Carmel Credit Union, Agence de Yaoundé située à Carrefour Biyem-Assi, au rez-de-chaussée du bâtiment à étages, en face de la Croisade Campus pour Christ. **Contact :** +237 652.83.55.04
- Librairie Tempête de prière (Prayer Storm Bookshop), Cow Street Nkwen – Bamenda. Nous vendons nos livres, des Bibles et d'excellents ouvrages chrétiens. **Contacts :** 675.14.04.50, 674.59.35.98, 679.46.57.17.

PROJET DU CAMP DE PRIÈRE POUR LA RESTAURATION

- La POSE DE LA PRMIÈRE PIERRE DE LA MAISON DE PRIÈRE DE RESTAURATION à Tsinga Village, Yaoundé, a eue lieu en décembre 2023
- La construction de la base du RCR à Yaoundé au Cameroun a commencé en janvier 2020.

- Pour plus s'informations concernant votre participation à ce projet, appelez-nous ou envoyez-nous des SMS au **(237) 674.49.58.95, 678.16.46.88, 673.50.42.33, 699.90.26.18.**

Questionnaire de rétroaction :
Nous serons ravis d'entendre vos suggestions sur la façon dont nous pouvons améliorer ce livre : Envoyez vos commentaires au **(237) 681722404**, utilisez le lien ci-dessous : https://prayer-stormdevotional.paperform.com/ ou scannez le CODE QR ici pour remplir le formulaire en ligne.

COMMENT DEVENIR UN ENFANT DE DIEU

Il ne suffit pas d'aller à l'église et de prier. « Si un homme ne naît de nouveau, il ne peut voir le royaume de Dieu. » (Jean 3 :3). Les étapes suivantes t'aideront à savoir que faire pour naître de nouveau.

Étape 1 : Dieu t'aime et t'offre un plan merveilleux pour ta vie.

« Car Dieu a tant aimé le monde qu'il a donné son Fils unique, afin que quiconque croit en lui ne périsse point, mais qu'il ait la vie éternelle. » (Jean 3 :16). Jésus a dit : « Moi, je suis venu afin que les brebis aient la vie, et qu'elles soient dans l'abondance. » (Jean 10 :10).

Peu importe qui tu es et ce que tu as fait, Dieu t'aime malgré tout et Il veut te sauver (Rom.5 :8).

Étape 2 : Tes péchés t'ont séparé de Dieu ; c'est pourquoi tu n'expérimentes pas son plan merveilleux pour ta vie.

« Car tous ont péché et sont privés de la gloire de Dieu. » (Rom.3 :23) ; « Car le salaire du péché c'est la mort [séparation spirituelle d'avec Dieu] » (Rom.6 :23). Toutes tes activités religieuses et tes efforts ne peuvent pas te sauver. Dieu a pourvu à une solution pour toi.

Étape 3 : Jésus-Christ est le seul chemin pour retourner à Dieu.

Jésus a dit : *« Je suis le chemin, la vérité et la vie. Nul ne vient au Père que par moi. » (Jean 14 :6).* Jésus-Christ est le seul sacrifice que Dieu peut accepter pour tes péchés. Tu peux te connecter au plan de Dieu pour ta vie à travers Lui.

Étape 4 : Tu dois recevoir Jésus-Christ comme ton Seigneur et Sauveur. C'est alors que tu pourras expérimenter le plan de Dieu pour ta vie.

Reçois-Le par une invitation personnelle et par la foi. *« Voici, je me tiens à la porte, et je frappe. Si quelqu'un entend ma voix et ouvre la porte [ton cœur], j'entrerai chez lui, je souperai chez lui, et lui avec moi. » (Apo.3 :20).*

Si tu es prêt à donner ta vie à Jésus-Christ maintenant, fais cette prière de tout ton cœur.

« Cher Seigneur Jésus-Christ, j'ai besoin de toi. Je t'ouvre la porte de mon cœur et je te reçois comme Seigneur et Sauveur. Pardonne tous mes péchés et lave-moi de ton sang. Fais de moi la personne que tu veux que je sois. Merci de m'avoir sauvé. »

Félicitations ! Tu es à présent un enfant de Dieu.

Appelle-nous maintenant pour qu'on prie pour toi au (237) 652.38.26.93 ou 696.56.58.64

(Pasteur Godson T. Nembo et l'Équipe de Tempête de prière)

MAINTENANT QUE TU ES NÉ DE NOUVEAU

Décider de devenir un chrétien né de nouveau c'est la meilleure décision que tu aies jamais prise de ta vie et je t'en félicite. Les points suivants te permettront de jouir de ta nouvelle vie en Jésus-Christ.

1. **Vis avec la conscience que tu es sauvé :** il est fondamental que tu sois certain de ta nouvelle foi. C'est ce qu'on appelle l'assurance du salut. Crois que tes péchés ont été pardonnés et que Dieu les as oubliés en vertu du prix que Jésus a payé en offrant sa vie en sacrifice sur la croix, et crois que tu n'es plus sous aucune condamnation (Actes 16 : 31, Rom. 8 :1-2, 2Cor. 5 : 17, Jn. 1 :12).

2. **Rejoins une communauté chrétienne :** par la nouvelle naissance, tu es entré dans la famille de Dieu. Trouve une église qui enseifrgne et pratique fidèlement les écritures, où l'adoration te permet d'être en communion avec Dieu, où les gens sont amicaux, et où la croissance spirituelle est encouragée (Héb. 10 : 25, Gal. 6 : 10).

3. **Procure-toi une bible et étudie-la quotidiennement :** tu peux commencer par Jean, ensuite Actes, Romains, etc. Tout comme un enfant a besoin de nourriture physique pour grandir, la parole de Dieu est la nourriture spirituelle qui nous fait grandir pour être semblables à Christ (1Pi. 2 : 2 , Jn. 5 : 24). Consulte d'autres chrétiens matures pour toutes explications.

4. **Communie quotidiennement avec Dieu :** à travers la prière, nous parlons avec Dieu, nous lui exprimons nos fardeaux, de même que nous lui offrons notre adoration, notre louange et notre reconnaissance. Nous avons aussi le privilège d'écouter Dieu nous parler, déversant sur nous son amour, sa paix, ses bénédictions et son orientation divine (Rom. 10 : 9, 1Thes. 5 : 17, 1Pi. 5 : 8).

5. **Détruis tout ce que tu possèdes de diabolique :** abstiens-toi de tout ce qui ne glorifie pas Dieu. Élimine toute mauvaise chose liée à ta vie de péché passée ; les choses telles que les objets pornographiques, l'argent et les biens volés, les talismans, les charmes, les grigris, etc. (2Cor. 6 : 17, Tit. 2 : 11).

6. **Sépare-toi des mauvais amis et fais-toi de nouveaux amis pieux :** maintenant que tu es né de nouveau, tu dois abandonner l'ancien mode de vie et marcher dans la vérité (Ps. 1 : 1-3, 2Cor. 4 : 2, 5 : 17, Éph. 4 : 22, 1Jn. 1 : 6).

7. **Fais-toi baptisé :** le baptême d'eau par immersion authentifie publiquement notre salut et affirme notre appartenance au corps de Christ (Rom. 6 : 4, Col. 2 : 12, Matt. 28 : 19, Actes 2 : 38, 8 : 36).

8. **Recherche le baptême du Saint-Esprit :** le Saint-Esprit nous rassure que nous sommes sauvés et nous habilite pour vivre et faire des exploits pour Dieu à travers des dons spéciaux (Rom. 8 : 14, Actes 2 : 1-4, 10 : 38, Éph. 5 : 18).

9. **Parle de Jésus aux autres :** notre caractère doit témoigner de notre transformation intérieure. Aussi, notre désir ardent de parler de l'amour de Dieu aux autres et de les conduire à Christ est une preuve de notre salut (Jn. 4 : 28-29, Actes 4 : 10, 22 : 14, 2Tim. 2 : 2).

10. **Adore Dieu avec tes biens, à travers les offrandes et les dîmes :** donner à cœur joie est essentiel pour l'avancement du royaume de Dieu – les offrandes volontaires et les dîmes (un dixième de notre revenu) (Deut. 16 : 16-17, Prov. 3 : 9-10, 2Cor. 9 : 7).

11. **Fais de la vie de Christ ton modèle :** fixe tes regards sur Jésus, l'auteur et le consommateur de notre foi. Fais de lui ton modèle (Héb. 12 : 2, Phil. 2 : 5-11, Éph. 4 : 24).

12. **N'abandonne pas ; si tu tombes, lève-toi et continue :** la course chrétienne peut sembler difficile et pleine de défis, avec des persécutions, des distractions, des oppositions, et même des découragements. Mais sois rassuré, tu y arriveras par la foi (Prov. 24 : 16, Esa. 41 : 10, Phil. 1 : 6).

Je prie que tu tiennes ferme, et que tu termines bien comme les autres héros de la foi, au nom de Jésus ! Amen.

Appelle nous pour tout besoin de conseils et de prière : (237) 652.38.26.93 ou 696.56.58.64.

(Pasteur Godson T. Nembo & Équipe Tempête de prière)

COMMENT UTILISER CE GUIDE DE PRIÈRE QUOTIDIEN

J'ai découvert que plusieurs personnes ne savent pas comment bien se servir de ce livre. Par conséquent, ils n'en tirent pas grand profit. J'aimerais vous expliquer comment utiliser ce livre pour votre moment de prière personnelle ou comment l'utiliser pour diriger une session de prière de groupe.

Ton temps de dévotion personnelle :

1. ***Lis le sujet du jour :*** Il présente ce sur quoi le Saint-Esprit voudrait que tu te focalises pendant cette journée.
2. ***Lis le passage biblique du jour à voix haute :*** Sais-tu que les Écritures se lisaient à haute voix par le passé ? Tu saisis plus lorsque tu lis à voix haute pour toi-même. Le message du jour est tiré du passage ; tu peux aller au-delà de l'étude que nous en faisons.
3. ***Prends du temps et lis la méditation que j'ai écrite :*** Cela t'aidera à mieux comprendre le message du jour.
4. ***Prie les points de prière qui y sont mentionnés :*** Lis chaque point de prière, ensuite prends du temps et prie bien avant de lire le point suivant. Certaines personnes lisent tous les points de prière et concluent en disant "au nom de Jésus" et elles répondent "Amen". Ce n'est pas ainsi qu'ils doivent être utilisés.
5. ***Prie pour les autres :*** Rassure-toi que tu utilises les points de prière pour prier pour les autres.
6. ***Ajoute autres sujets de prière :*** Par exemple, consacre ta journée, ta famille, ton emploi, ton église, etc. à Dieu.
7. Prie pour tes besoins spécifiques et pour ceux des autres.
8. **Action/Déclaration :** Prenez des mesures concrètes et faites les déclarations prophétiques.

9. ***Prières prophétiques de la semaine :*** Ces points seront présentés chaque Lundi. Nous t'encourageons à les utiliser chaque jour de la semaine qui suit.

Conduire un groupe à prier :

1. Lis le sujet du jour à voix haute.
2. Demandes à une ou plusieurs personnes de lire le passage biblique du jour à haute voix.
3. Lis la méditation du jour à haute voix. Après lecture, tu peux faire quelques commentaires, si nécessaire.
4. Permets aux autres membres du groupe d'apporter leurs contributions ou de poser des questions s'ils en ont.
5. Lis un point de prière à la fois et permets aux membres de prier pendant quelques temps avant de lire le prochain.
6. Après qu'ils aient prié tous ensemble, tu peux demander à une personne d'élever sa voix et de prier.
7. Lorsque tu auras fini de lire les points de prière, demande aux membres du groupe de donner leurs propres sujets de prières.
8. A la fin, permets à une personne de prier pour conclure la session.

Plan de lecture biblique :

Nous avons inclus deux plans de lecture biblique : **« La Bible en 1 an »** et **« La Bible en 2 ans »**. Tu peux lire toute ta Bible en un an si tu suis le premier plan ou en deux ans si tu suis le deuxième plan. Mets du temps de côté chaque jour pour lire ta Bible.

Vendredi 1er mai

RÉCUPÉRER TOUT PAR LA CROIX

Lis : Colossiens 2:13-15 ;
Jean 19:30

La Bible en 1 an : Luc 22-24
La Bible en 2 ans : Nb. 19-20

« Il a dépouillé les dominations et les autorités, et les a livrées publiquement en spectacle, en triomphant d'elles par la croix. » (Colossiens 2:15)

Tout récupération dont nous parlons ce mois — feu spirituel, autel de prière, appel, joie, finances, relations, domination — tire ses origines de la croix. Sans la croix, il n'existe pas de récupération authentique. Avec la croix, rien n'est perdu de manière permanente.

Quand Jésus a crié sur la croix : *« tout est accompli »*, il n'exprimait pas sa défaite ; il déclarait l'accomplissement. La dette du péché fut annulée. La honte fut brisée. L'autorité fut restaurée. L'accès au père fut rouvert. L'ennemi fut à jamais désarmé. Et la porte des bénédictions fut ouverte à ceux qui viennent à Christ.

Dans le jardin d'Éden, l'humanité avait perdu sa domination, son intimité et sa droiture. Mais sur le calvaire, Christ — le second Adam — a récupéré ce que le premier avait cédé. Ce qui était perdu à cause de la désobéissance d'Adam fut restauré grâce à l'obéissance de Christ (Romains 5:19).

Pense à Job. Après une perte immense, les écritures affirment que l'Éternel a restauré sa fortune et lui a donné deux fois plus que ce qu'il avait (Job 42:10). L'histoire de Job annonçait la restauration plus grande qu'on trouve en Christ.

La croix est la déclaration ultime de Dieu sur le fait que la perte n'a pas le dernier mot.

Souvent, nous essayons de récupérer par nos efforts — par le développement personnel, la stratégie et la discipline. Ces éléments sont importants. Cependant, ils sont incomplets sans l'abandon à Christ. L'élargissement véritable découle de la rédemption. Certaines personnes disent naïvement « arrête de prier et travaille ». Non ! Ce qu'il faut dire c'est : « pendant que tu pries, travaille ».

La croix ne fait pas que te restaurer à ton état précédent ; elle t'élève. Tu n'es pas seulement pardonné ; tu es adopté. Tu n'es pas seulement purifié, mais envoyé. Tu n'es pas seulement sauvé ; tu es équipé par la présence du Saint-Esprit en toi (Galates 4:6).

Pendant que tu médites avec ce livre, rappelle-toi ceci : la récupération n'est pas enracinée dans la détermination humaine, mais dans l'œuvre finie de Christ. Tiens-toi sur ce qu'il a accompli pour toi sur la croix. Par la croix, tu recouvres tout. Marche dans cette vérité chaque jour par la foi, au nom de Jésus.

Action : *Aujourd'hui, passe du temps à méditer sur l'œuvre finie de Christ et remercie-le pour des domaines spécifiques de restauration dans ta vie.*

Prions

1. *Père, merci pour l'œuvre finie de Christ sur la croix, au nom de Jésus.*
2. *Seigneur, aide-moi à dépendre totalement de ta grâce pour ma restauration, au nom de Jésus.*
3. *Saint Esprit, enseigne-moi à marcher dans la victoire que Christ m'a assurée sur la croix, au nom de Jésus.*

4. *Père, que le règne du Christ ressuscité soit établi dans chaque domaine de ma vie, au nom de Jésus.*
5. *Pendant que je traverse ce mois, que la puissance de la restauration divine domine chaque domaine de ma vie et de mon ministère, au nom de Jésus.*

Samedi 2 mai **EXAMINE TA FONDATION**

Lis : 2 Timothée 2:19-21

La Bible en 1 an : Juges 1-4

La Bible en 2 ans : Nb. 21 ; 22:1-20

« Néanmoins, le solide fondement de Dieu reste debout, avec ces paroles qui lui servent de sceau : Le Seigneur connaît ceux qui lui appartiennent ; et quiconque prononce le nom du Seigneur, qu'il s'éloigne de l'iniquité. » (2 Timothée 2:19)

En architecture, la profondeur d'une fondation détermine la hauteur d'une maison à étages. Le même principe s'applique à notre élargissement spirituel. Peut-être que ce qui t'importe le plus c'est le pouvoir, l'influence et la prospérité ; mais pour Dieu, c'est la « profondeur » de ta sainteté. La sainteté n'est pas un objet décoratif sur ta vie chrétienne ; c'est la fondation qui te permet de porter le poids de la gloire de Dieu sans craquer.

Notre passage d'aujourd'hui nous dit que dans une « grande maison », il y a différents vases. Certains sont des vases d'honneur et d'autres des vases à usage vil. La différence n'est pas déterminée par le matériau dont nous sommes faits, mais par notre niveau de consécration. Si tu te débarrasses des choses « à usage vil » (péchés secrets, intégrité compromise, pensée irrésolue), tu deviendras un vase en or « sanctifié et utile pour le maître ». Dieu recherche l'utilité et dans sa maison, l'utilité est toujours précédée par la pureté.

Veille sur ton cœur. C'est en réalisant qu'être « mis à part » n'est pas un fardeau, mais une promotion. Quand tu choisis de fuir l'iniquité, tu ne perds rien dans la vie ; tu te qualifies pour un niveau d'opération supérieur.

Aujourd'hui, pose-toi la question suivante : ma fondation est-elle suffisamment profonde pour supporter les bénédictions que je demande à Dieu ? L'expansion sans la sainteté conduit à une chute tragique, mais une fondation pure assure un héritage éternel.

Action : *Consacre 10 minutes aujourd'hui pour « examiner ta fondation ». Demande au Saint-Esprit de te montrer un aspect de compromission que tu as ignoré et repens-toi immédiatement.*

Prions

1. *Père, merci pour la grâce d'être appelé par ton nom.*
2. *Seigneur, sonde mon cœur et expose toute fissure dans ma fondation spirituelle.*
3. *Ô Seigneur, donne-moi la force de fuir toute forme d'iniquité aujourd'hui.*
4. *Père, purifie-moi et fais de moi un vase d'honneur propice à ton emploi.*
5. *Saint-Esprit, aide-moi à accorder plus de valeur à ma consécration qu'à mon confort.*

Dimanche 3 mai

COMBATS CONTRE LES FORTERESSES DES FONDATIONS

Lis : Juges 6:25-26 ;
2 Corinthiens 10:3-5

La Bible en 1 an : Juges 5-8
La Bible en 2 ans : Nb. 22:21-41 ; 23

« Car les armes avec lesquelles nous combattons ne sont pas charnelles ; mais elles sont puissantes, par la vertu de Dieu, pour renverser des forteresses. » (2 Corinthiens 10:4)

La récupération totale commence au niveau de la fondation. Plusieurs croyants prient pour l'élargissement alors qu'ils se tiennent encore sur des fondations détruites. Les forteresses des fondations sont des schémas, des mentalités ou des autels spirituels profondément enracinés qui forgent les croyances, les comportements et les résultats. Ces fondations sont parfois héritées ou cultivées avec le temps.

Dans Juges 6, avant que Gédéon ne délivre Israël de Madian, Dieu l'instruisit de renverser l'autel de Baal de son père et de bâtir un autel au Seigneur. L'oppression de la nation était liée au fait d'avoir compromis la fondation. La délivrance a commencé à la maison.

Les forteresses ne sont pas toujours des autels démoniaques ; elles peuvent être des croyances destructrices comme penser que « rien de bon ne dure dans ma famille », « nous ne réussissons jamais », « nous sommes pauvres et il n'y a rien qu'on puisse faire pour changer ça », « l'échec est normal », « nos destinées sont enfermées dans une marmite ». De pareilles pensées gouvernent petit à petit nos décisions. Paul nous dit que le combat implique de renverser les raisonnements et toute chose qui s'élèvent contre la connaissance de Dieu.

À la croix, Jésus est devenu notre véritable fondation. Il est la pierre angulaire (Éphésiens 2:20). Quand Christ devient la base d'une identité et d'une pensée, les vieilles structures s'effondrent. L'ennemi bâtit par le mensonge ; tandis que Christ restaure par la vérité.

Imagine un édifice dont les piliers sont fissurés. Rénover ses murs ne garantit pas sa viabilité. La fondation doit être réparée. De même, la récupération exige une confrontation spirituelle. Prier, se repentir, renoncer aux mauvaises croyances et déclarer la parole de Dieu sont des armes de combat.

L'élargissement ne peut pas tenir sur un terrain de compromissions. Gédéon a rebâti l'autel avant de mener le combat. Tu dois rebâtir sur Christ avant d'avancer.

Quand la fondation est corrigée, l'oppression perd son droit légal. Christ a déjà garanti la victoire ; le combat la concrétise. La récupération totale commence par la réparation des fondations.

Action : *Identifie un schéma destructif ou une croyance destructive dans ta vie et confronte-les aux écritures cette semaine.*

Prions

1. *Père, merci de ce que Christ est mon fondement sûr, au nom de Jésus.*
2. *Seigneur, expose et déracine toute forteresse des fondements dans ma vie, au nom de Jésus.*

3. *Saint-Esprit, renouvelle ma pensée par la vérité qui libère, au nom de Jésus.*
4. *Père, brise tout schéma héréditaire négatif qui affecte ma destinée, au nom de Jésus.*
5. *Pendant que je prie maintenant, que toutes les forces des ténèbres qui renforcent les forteresses dans ma vie soient dispersées par le feu, au nom de Jésus.*

Lundi 4 mai **L'URGENCE DE LA CROIX**

Lis : Galates 2:20-21

La Bible en 1 an : Juges 9-12
La Bible en 2 ans : Nb. 24-25

« J'ai été crucifié avec Christ ; et si je vis, ce n'est plus moi qui vis, c'est Christ qui vit en moi » (Galates 2 : 20)

Le salut n'est pas simplement un ticket pour le ciel ; c'est une invitation à un échange radical de vie. Paul décrit cela comme le fait « d'être crucifié avec Christ ». Cette image n'est pas celle d'une simple amélioration morale ; mais celle d'une mort totale de l'ancien moi — la nature gouvernée par l'égo, l'orgueil et le péché. Quand on embrasse la croix, on reconnaît que notre identité passée n'est plus aux commandes. En lieu et place de notre vie, la vie même de Christ commence à se manifester. C'est le cœur même de la marche chrétienne : un abandon quotidien de notre volonté personnelle pour sa direction divine.

Plusieurs croyants rencontrent des difficultés parce qu'ils veulent profiter de Christ sans toutefois s'abandonner à la croix. Ils essaient « d'ajouter » Jésus à leur style de vie au lieu de laisser Jésus remplacer leur style de vie. Toutefois, les écritures nous rapportent que cet échange n'est pas négociable. Tu ne peux pas t'accrocher au volant de ta vie et t'attendre à ce que Christ prenne le volant. La « crucifixion » de la chair est un processus quotidien continu dans lequel l'on dit « non » à ses propres désirs afin de dire « oui » à la direction de Dieu. C'est une mort qui mène à la vraie vie offerte par la résurrection.

Mènes-tu une vie véritablement cachée en Christ ou essaies-tu de préserver ton ancien toi ? La croix est un lieu d'abandon. Lorsque nous arrêtons d'essayer de préserver notre propre réputation, notre sécurité et nos projets, nous ouvrons finalement la porte au Saint-Esprit pour qu'il prenne total contrôle. Aujourd'hui, fais un choix délibéré de lâcher prise de ta propre vie. Quand tu meurs au moi, tu découvres que la vie que tu vis désormais est remplie d'une puissance qui n'est pas tienne.

Déclaration prophétique : *j'ai été crucifié avec Christ ! Ma vieille nature est morte et la vie que je vis désormais est activée par l'Esprit de Dieu.*

Prions

1. *Seigneur, j'abandonne mon ancienne identité et tout ce qui m'éloigne de toi.*
2. *Père, crucifie mon orgueil et mes ambitions égoïstes afin que ta vie brille par moi.*
3. *Saint-Esprit, remplace mes désirs par le cœur et la volonté de Jésus.*
4. *Ô Seigneur, apprends-moi à mourir au moi chaque jour.*
5. *Je reçois la puissance de la résurrection de Christ pour mener une vie qui l'honore !*

Prières prophétiques pour la semaine

1. ***« David sauva tout ce que les Amalécites avaient pris » (1 Samuel 30:18).*** *Je récupère tout ce que l'ennemi a volé dans ma vie, au nom de Jésus.*

2. **« Mais je te guérirai, je panserai tes plaies » (Jérémie 30:17).** *Mon corps reçoit la guérison totale et la santé divine, au nom de Jésus.*
3. **« Je vous donne ma paix » (Jean 14:27).** *Que toute tempête dans mon cœur se taise et que ma paix soit restaurée, au nom de Jésus.*

Mardi 5 mai **LA FOI DANS LE SANG**

Lis : Romains 5:6-11

La Bible en 1 an : Juges 13-15
La Bible en 2 ans : Nb. 26

« À plus forte raison donc, maintenant que nous sommes justifiés par son sang, serons-nous sauvés par lui de la colère. » (Romains 5:9)

La doctrine du sang de Jésus n'est pas simplement un concept théologique ; c'est le fondement absolu de notre accès à nous tenir devant le Dieu saint. Paul, écrivant aux Romains, a insisté sur le fait que notre justification — notre acquittement légal dans le tribunal du ciel — nous est pourvue exclusivement par le sang de Christ. Dans l'Ancienne Alliance, le sang était le prix de la vie et le moyen d'expiation. Dans la nouvelle alliance, le sang de Christ est la monnaie éternelle qui paie la dette infinie de notre péché. Quand nous embrassons cette vérité, nous sommes confrontés à la réalité selon laquelle le salut est entièrement l'œuvre de la grâce. Comme Éphésiens 2:8-9 nous le rappelle, nous sommes sauvés par la grâce par le moyen de la foi, et ce n'est pas le produit de nos œuvres, afin que personne ne se glorifie.

La foi dans le sang de Jésus agit comme un correcteur de l'orgueil humain. Quand nous essayons de nous justifier nous-mêmes par nos talents, notre participation aux programmes de l'église ou nos « bonnes œuvres », nous prétendons essentiellement que le sacrifice de Christ était insuffisant. La foi authentique rend humble. Elle reconnaît que nous étions autrefois « éloignés », mais nous avons été rapprochés par le sang. Cette foi n'est pas une acceptation passive ; c'est une confiance profonde qui dépend entièrement de l'efficacité de la croix. Tout comme les Israélites en Égypte ont dû mettre du sang sur les linteaux des portes pour être épargnés du jugement, nous devons appliquer le sang de Jésus sur les linteaux de nos cœurs, en croyant qu'il nous préserve de la colère que nous méritons véritablement.

Est-ce que tu t'appuies sur l'œuvre finie de la croix ? Ou essaies-tu de gagner l'accès à la faveur de Dieu par tes propres moyens ? De nombreux croyants vivent dans une pauvreté spirituelle inutile parce qu'ils refusent d'accepter que ce que Christ a fait suffit. Tes échecs passés, tes combats présents et tes manquements à venir ont été pris en compte au Calvaire. La foi dans le sang de Jésus est l'antidote ultime contre les accusations de l'ennemi. Chaque fois que tu te sens indigne ou vaincu, souviens-toi de cette vérité : tu as été justifié non pas par ta propre perfection, mais par son sang.

Action : *Passe du temps aujourd'hui à méditer sur la croix de Christ, surtout en remerciant Jésus pour le sang qui te sauve, te purifie et te justifie.*

Prions

1. *Seigneur, enracine ma foi dans l'efficacité de ton précieux sacrifice sur le Calvaire.*
2. *Aide-moi à avoir foi en ton sang seul pour mon salut, et non en mes œuvres ou mes mérites.*
3. *Délivre-moi de la fierté de dépendre de mes efforts humains pour gagner ta faveur.*
4. *Que ta grâce, déversée par ton sang, transforme ma vie partant de l'intérieur.*
5. *Garde-moi humble et toujours reconnaissant face à la réalité de la croix.*

Mercredi 6 mai

LA RESTAURATION DE TON AUTORITÉ SPIRITUELLE

Lis : Luc 10:17-20 ; Genèse 1:26-28

La Bible en 1 an : Juges 16-18
La Bible en 2 ans : Nb. 27-28

« Voici, je vous ai donné le pouvoir... SUR TOUTE LA PUISSANCE L'ENNEMI. » (Luc 10:19)

L'une des plus grandes pertes qu'un croyant peut essuyer dans sa vie, c'est la perte de sa confiance spirituelle. Tu as reçu une autorité légale en Christ, mais peut-être que tu ne l'utilises pas. La peur, le péché, l'intimidation ou les échecs répétés peuvent te pousser à reculer. Quand tu n'exerces pas ton autorité spirituelle, tu abandonnes ta domination.

Depuis le commencement, Dieu a créé l'humanité pour dominer. Le péché a déformé cette autorité, mais Christ l'a restaurée. Dans Luc 10, les soixante-dix revinrent en se réjouissant de ce que les démons leur étaient soumis. Jésus a affirmé leur autorité tout en redirigeant leur objectif sur la relation : *« réjouissez-vous de ce que vos noms sont écrits dans les cieux. »*

Notre autorité spirituelle découle de notre union avec Christ. Il ne s'agit pas d'avoir une forte personnalité ; c'est un pouvoir délégué par le Seigneur. Quand Pierre marchait sur les eaux, l'autorité opérait tant qu'il restait focalisé sur Jésus. Quand la peur a remplacé la foi, il a commencé à s'enfoncer.

Plusieurs croyants prient avec timidité parce que la culpabilité affaiblit leur confiance. La compromission paralyse leur courage. Un soldat ne peut être efficace au combat s'il doute de sa commission et des armes qu'il porte. C'est pourquoi la repentance est primordiale dans le combat spirituel. Traite avec le péché avant de déclarer la guerre à Satan. Les mains propres restaurent la confiance (Psaumes 24:3-4).

Prenons l'exemple d'un officier de police qui oublie qu'il détient l'autorité légale. Les criminels vont le dominer. De même, les croyants qui oublient leur identité laissent l'oppresseur les tourmenter.

Sur la croix, Jésus a désarmé les principautés (Colossiens 2:15). La victoire est totale. Le combat spirituel ne consiste pas à lutter pour remporter la victoire ; il consiste à manifester ce que Christ a accompli pour nous.

L'expansion exige la domination. Tu ne peux pas étendre ton territoire si tu vis dans l'intimidation. Marche dans la justice. Parle avec foi. Agis dans l'obéissance. Ton autorité est restaurée en Christ. Lève-toi et exerce-la.

Action : *Proclame avec audace des passages bibliques spécifiques sur un domaine où la peur tente de te limiter.*

Prions

1. *Père, merci de ce que tu restaures mon autorité par Jésus-Christ, au nom de Jésus.*
2. *Seigneur, ôte de ma vie tout ce qui affaiblit mon audace, au nom de Jésus.*
3. *Saint-Esprit, fortifie ma foi par le feu afin que j'exerce la domination sur les puissances des ténèbres, au nom de Jésus.*
4. *Je fais taire toute voix d'intimidation qui parle contre ma destinée, au nom de Jésus.*
5. *Je parle aux cieux sur moi : ouvrez-vous, que la gloire de Dieu m'enveloppe, au nom de Jésus.*

Jeudi 7 mai

TU ES LE MARTEAU DE GUERRE DE DIEU

Lis : Jérémie 51:20-23 ;
2 Corinthiens 10:3-5

La Bible en 1 an : Juges 19-21
La Bible en 2 ans : Nb. 29-30

« Tu es mon marteau, mes armes de guerre ; et par toi je briserai les nations, et par toi je détruirai les royaumes » (Jérémie 51 : 20 JND)

Une fois, alors que Dieu s'adressait à Israël, il l'a appelé son marteau de guerre. Un marteau de guerre n'est pas un ornement ; c'est un outil précis, tranchant et efficace. C'est un instrument dans la main du guerrier. La force n'est pas dans le marteau en lui-même, mais dans la main de la personne qui le manie.

En Christ, les croyants sont des instruments de Dieu sur terre. Nous ne sommes pas des spectateurs d'un conflit spirituel : nous sommes des participants. Toutefois, un marteau posé au sol n'est pas efficace. Il doit demeurer dans la main du maître.

De nombreux croyants sous-estiment leur autorité spirituelle ou en font mauvais usage. Certains reculent à cause de la peur. D'autres luttent dans la chair. Cependant, les écritures nous rappellent que les armes avec lesquelles nous combattons ne sont pas charnelles. Le marteau de guerre de Dieu n'opère ni par la colère, ni par la manipulation, ni même par l'effort humain. Il opère par la prière, la vérité, la droiture et l'obéissance.

Prenons le cas de David devant Goliath. Il n'avait pas d'armes, mais dépendait totalement de Dieu. Dans la main de Dieu, un jeune berger est devenu une arme de victoire. La force n'était pas en David ; elle venait de l'Éternel des armées.

Être une arme de guerre de Dieu signifie vivre une vie d'abandon total à Jésus-Christ. Une arme doit être aiguisée. La prière aiguise. La sainteté aiguise. La discipline affûte. Si elle n'est pas aiguisée, même une grande arme perd son efficacité.

Sur la croix, Jésus a désarmé les principautés et les puissances. Désormais, il œuvre au travers des vases soumis pour établir cette victoire. Tu ne luttes pas pour triompher ; tu luttes dans le triomphe. L'élargissement requiert une préparation spirituelle. Quand Dieu t'élève en tant que son instrument, la résistance surviendra, la grâce aussi.

Demeure dans sa main. Reste affûté en esprit. Et laisse-le t'utiliser pour sa victoire.

Action : *Examine ton acuité spirituelle cette semaine et engage-toi dans la prière constante et dans la sainteté.*

Prions

1. *Père, merci de m'avoir choisi pour être ton instrument, au nom de Jésus.*
2. *Seigneur, ôte la peur et l'insécurité de mon cœur, au nom de Jésus.*
3. *Saint-Esprit, affûte mon esprit par la prière et l'obéissance, au nom de Jésus.*
4. *Père, maintiens-moi soumis et utile dans ta main, au nom de Jésus.*
5. *J'attaque et j'abats tout Goliath qui oppresse la destinée de ma famille, au nom de Jésus.*

Vendredi 8 mai **RÉCUPÈRE TON APPEL**

Lis : Romains 11:29 ; 2 Timothée 1:6-9

La Bible en 1 an : Ruth 1-4
La Bible en 2 ans : Nb. 31

« Car les dons de grâce et l'appel de DIEU sont sans repentir. » (Romains 11:29 JND)

Il arrive des moments dans la vie où le découragement, le retard, les critiques ou l'échec te poussent à remettre ton appel en question. Il fut un temps où tu entendais clairement Dieu ; tu brûlais de conviction. Puis l'opposition s'est levée, les portes se sont fermées et ta confiance s'est affaiblie. Lentement, tu as reculé. Au début de mon ministère pastoral, j'ai failli abandonner mon appel à cause des difficultés. Certaines personnes disaient que je n'avais pas été appelé.

Ton appel est le devoir divin de Dieu sur ta vie. Ce n'est pas une ambition que tu t'es donnée ; c'est un dessein du ciel. Pourtant, l'appel peut être enterré sous la peur, dans la comparaison ou par la déception. La confusion et la frustration s'incrustent quand tu abandonnes ton appel divin.

Considère Jérémie. Quand la persécution s'est intensifiée, il a affirmé : *« Je ne ferai plus mention de lui »*. Pourtant, plus tard il a confessé que la parole de Dieu est comme un feu dévorant renfermé dans ses os (Jérémie 20:9). Il ne pouvait pas abandonner ce que le ciel avait investi en lui.

Ou encore, pense à Pierre. Après avoir renié Jésus, il est retourné à la pêche — le boulot qu'il avait abandonné pour suivre le Seigneur. C'est comme s'il abandonnait son appel apostolique. Mais dans Jean 21, le Christ ressuscité l'a rencontré, restauré et envoyé de nouveau en mission. *« Pais mes brebis »*. L'échec saisonnier n'a pas annulé sa mission.

Peut-être veux-tu abandonner ton appel parce que les résultats sont lents. Peut-être ne te sens-tu pas à ta place parce que tu te compares aux autres. Ou peut-être as-tu été profondément blessé par les critiques. La Bible déclare que l'appel de Dieu est irrévocable. S'il t'a appelé, il n'a pas changé d'avis.

Pour récupérer ton appel, tu dois retourner à Christ et arrêter de rechercher les plateformes. Paul demande à Timothée de *« raviver le don de Dieu »*. Les dons sont ravivés de manière délibérée. La prière, l'obéissance, l'étude et la fidélité attisent la flamme à nouveau.

On atteint l'élargissement quand on embrasse sa mission divine avec un courage renouvelé. Ce que le découragement a tenté de faire taire, Christ peut le restaurer. Ton appel n'est pas perdu ; il attend simplement que tu te lèves encore.

Action : *Écris l'appel que Dieu t'a donné et prends une initiative pratique cette semaine pour le raviver.*

Prions

1. *Père, merci de m'avoir appelé selon ton dessein, au nom de Jésus.*
2. *Seigneur, pardonne-moi d'avoir reculé ou douté de ma mission, au nom de Jésus.*
3. *Saint-Esprit, ravive tout don dormant en moi aujourd'hui, au nom de Jésus.*
4. *Père, guéris toute blessure causée par les critiques ou les déceptions, au nom de Jésus.*

5. *Je décrète que je m'élève avec audace dans mon appel et je récupère tout, au nom de Jésus.*

Samedi 9 mai

RÉCUPÉRER LA VISION PERDUE

Lis : Proverbes 29:18,
Habacuc 2:1-3

La Bible en 1 an : 1 Pierre 1-2
La Bible en 2 ans : Nb. 32

« Quand il n'y a point de vision, le peuple est sans frein. » (Proverbes 29:18 JND)

La vision c'est la capacité à apercevoir l'avenir au regard des promesses de Dieu. Quand on perd la vision, on perd la direction. Quand on perd la direction, on gaspille notre énergie. Plusieurs croyants ne sont pas vaincus par l'ennemi ; ils sont vaincus par une vision floue. Dieu veut restaurer ta capacité à voir clairement pour opérer avec vitesse cette année.

Il fut un temps où tu voyais clairement ce que Dieu voulait faire à travers ta vie, ta famille ou ton ministère. Tu écrivais des projets. Tu priais avec enthousiasme. Cependant, le retard, les difficultés ou l'opposition ont brouillé ta vue. Progressivement, le mode survie s'est activé en lieu et place de ta vision. Tu avances désormais sans conviction. Tu n'es plus sûr de ce que Dieu est en train de faire dans ta vie.

Considère Abraham. Dieu lui montra les étoiles et lui promit des descendants innombrables. Toutefois, des années ont passé sans qu'il n'ait d'enfant. À un moment donné, Abraham suggéra qu'Eliézer soit son héritier (Genèse 15:2-3). Le retard a éprouvé sa vision. Mais Dieu l'a emmené dehors une fois de plus pour réaffirmer sa promesse. La vision devait être renouvelée.

Ou bien, pense aux disciples sur le chemin d'Emmaüs (Luc 24:13-32). Après la crucifixion, leur vision s'est effondrée. Ils dirent : *« nous espérions... » (v.21)*. L'espoir s'est transformé en déception. Mais quand Jésus leur a ouvert les écritures, leurs cœurs se sont de nouveau enflammés. La vision fut rétablie quand Jésus s'est une fois encore révélé à eux.

La vision disparaît quand la prière s'affaiblit. Elle flétrit quand la comparaison distrait. Elle devient floue quand on se focalise plus sur les obstacles que sur la parole de Dieu. Mais on peut récupérer la vision. Habacuc est monté sur la tour afin d'attendre la voix de l'Éternel. Le renouvellement commence quand on se positionne pour écouter Dieu à nouveau.

L'expansion requiert une vision claire. Tu ne peux pas élargir ce que tu ne vois pas. Demande à Dieu de restaurer la clarté dans ta vie. Que Christ redéfinisse ta perspective. Celui qui a donné la promesse est fidèle pour l'accomplir.

Perdre une vision n'est pas définitif ; on peut la récupérer dans la présence de Dieu.

Action : *Prends un temps de retraite. Revisite les promesses de Dieu te concernant. Réécris ta vision.*

Prions

1. *Père, je te remercie pour la vision que tu as établie sur ma vie, au nom de Jésus.*
2. *Seigneur, pardonne-moi d'avoir laissé le découragement brouiller ma vue spirituelle, au nom de Jésus.*
3. *Saint-Esprit, restaure la clarté et la direction de ma destinée cette saison, au nom de Jésus.*

4. *Père, renouvèle mon espoir là où le retard a affaibli ma foi, au nom de Jésus.*
5. *Je reçois un feu nouveau pour la restauration de ma vision pour l'expansion divine, au nom de Jésus.*

Dimanche 10 mai **L'AUTORITÉ DE L'AMBASSADEUR**

Lis : 2 Corinthiens 5:20-21

La Bible en 1 an : 1 Pierre 3-6
La Bible en 2 ans : Nb. 33

« Nous faisons donc les fonctions d'ambassadeurs pour Christ, comme si Dieu exhortait par nous. » (2 Corinthiens 5:20)

Un ambassadeur ne parle pas de son propre chef ; il parle de la part du gouvernement qu'il représente. Quand nous reconnaissons que nous sommes les « ambassadeurs de Christ », notre perspective sur les interactions quotidiennes change. Nous ne gérons plus seulement notre carrière, notre famille ou notre cercle social. Nous portons le poids et le message du royaume des cieux dans ces sphères. L'autorité que nous avons en tant qu'ambassadeurs ne vient ni de notre charisme ni de notre statut, mais elle vient de celui qui nous a envoyés.

De nombreux croyants se sentent impuissants dans leurs environnements parce qu'ils oublient leur position officielle. Ils essaient de convaincre les autres à travers des arguments ou la persuasion humaine. Ils oublient que le pouvoir de l'ambassadeur réside dans le message du roi. Si tu représentes Christ, tu ne cherches pas à gagner un débat ; tu offres une invitation à la réconciliation. Ceci exige que nous menions une vie alignée sur le caractère du roi que nous représentons. Si nos vies ne reflètent pas la paix, la sainteté et l'amour de Christ, notre message perd sa crédibilité.

Si les gens se basaient uniquement sur ce qu'ils voient dans ta vie chaque jour, quel roi diraient-ils que tu sers ? Les ambassadeurs doivent être à la fois clairs dans leur message et consistants dans leur conduite. Aujourd'hui, marche avec la confiance d'un ambassadeur. Sache que tu as reçu un mandat du ciel pour une sphère d'influence précise. Quand tu parles, parle comme quelqu'un qui porte l'autorité du roi.

Déclaration prophétique : *je suis un ambassadeur du Roi des rois ! Ma vie représente sa vérité, mes paroles sont empreintes de son autorité et je suis un ministre efficace de la réconciliation.*

Prions

1. *Père, merci pour l'honneur que tu me fais de te représenter comme ambassadeur dans ce monde.*
2. *Seigneur, aligne mon caractère sur le message que je porte afin que ma vie reflète ta vérité.*
3. *Saint-Esprit, accorde-moi le courage pour parler en ton nom dans toute situation que je vais rencontrer aujourd'hui.*
4. *Ô Seigneur, que ma présence dans mon lieu de service et à la maison rende un témoignage clair de ton amour réconciliateur.*
5. *Je reçois la grâce d'opérer avec l'autorité du roi dans toutes mes interactions !*

Lundi 11 mai

RÉCUPÉRER SA VIE DE PRIÈRE

Lis : Luc 22:39-46

La Bible en 1 an : 2 Pierre 1-3
La Bible en 2 ans : Nombres 34-35

« Levez-vous et priez, afin que vous ne tombiez pas en tentation » (Luc 22:46).

Que dirais-tu de toi-même ? Es-tu une personne de prière ou non ?

L'absence de prière n'est jamais sans conséquence. Lorsque nous négligeons la prière, nous ne restons pas indemnes ; nous devenons vulnérables. À Gethsémané Jésus a exhorté ses disciples à veiller et à prier, afin d'échapper à la tentation à venir. Au lieu de cela, ils se sont endormis pendant qu'il priait. Un instant plus tard, Pierre, qui dormait, a sorti une épée et a tranché l'oreille de quelqu'un. Malheureusement, celui qui avait autrefois déclaré avec zèle sa loyauté à Christ l'a renié trois fois. Ce que le sommeil a volé, les larmes l'ont dévoilé.

L'absence de prière vole la sensibilité, le discernement et nous dépouille de la force spirituelle. Samson en est un autre exemple. Il a joué de manière désinvolte avec la compromission, car *« il ne savait pas que l'Éternel s'était retiré de lui » (Juges 16:20)*. Sa force physique est restée un moment, mais l'autorité spirituelle l'avait quitté.

Lorsque nous cessons de prier, nous nous fions peu à peu à notre propre sagesse. Nous réagissons sous le coup des émotions plutôt que sous l'influence de l'Esprit. Nous

parlons avant d'écouter Dieu. Avec le temps, la sécheresse remplace la joie, et l'effort remplace la grâce.
Considérons un soldat qui ignore les instructions du quartier général. Il pourrait être courageux, mais sans instructions, il est exposé. La prière est notre bouée de sauvetage vers la stratégie du ciel. Sans elle, nous menons des batailles à l'aveuglette.

Mais il y a de l'espoir : ce que l'absence de prière a volé peut être récupéré. Après l'échec de Pierre, Jésus l'a restauré. Dans Actes 2, le même Pierre qui avait renié Christ s'est levé avec assurance et a prêché avec puissance. Qu'est-ce qui a changé ? Il est retourné au lieu de prière (Actes 1:14).

En Christ, nous ne sommes pas condamnés ; nous sommes invités à revenir à Dieu. La croix a rétabli l'accès au père. Lorsque nous rebâtissons notre vie de prière, la clarté revient. La force revient. L'autorité revient.

L'élargissement nécessite la communion. Si tu veux retrouver l'assurance, la paix et la vitalité perdues, retourne régulièrement à l'autel. L'absence de prière t'a peut-être affaibli, mais la prière te restaurera.

Action : *Commence par 30 minutes intentionnelles de prière concentrée chaque jour et augmente progressivement ton temps de prière.*

Prions

1. *Père, merci de me restaurer quand je m'égare, au nom de Jésus.*
2. *Seigneur, pardonne-moi pour les moments où je manque de prier, au nom de Jésus.*
3. *Saint-Esprit attise dans mon cœur la soif d'une communion constante avec Jésus, au nom de Jésus.*
4. *Père, restaure la force et le discernement que j'ai perdus en négligeant l'autel de prière, au nom de Jésus.*

5. *Je décrète que ma vie de prière est ravivée et que je récupère tout ce qui a été volé, au nom de Jésus.*

Prières prophétiques de la semaine

1. ***« La joie de l'Éternel sera votre force. » (Néhémie 8:10).*** *Ma joie est restaurée et la tristesse quitte ma vie, au nom de Jésus.*
2. ***« Et mon Dieu pourvoira à tous vos besoins selon sa richesse, avec gloire, en Jésus-Christ. » (Philippiens 4:19).*** *Mes finances sont restaurées et la provision divine afflue dans ma vie, au nom de Jésus.*
3. ***« Je vous remplacerai les années qu'ont dévorées les sauterelles. » (Joël 2:25).*** *Chaque année de perte dans ma vie est rachetée et restaurée, au nom de Jésus.*

Mardi 12 mai

FAIS PASSER TA PRIÈRE À UN NIVEAU SUPÉRIEUR

Lis : 1 Samuel 1:10–18

La Bible en 1 an : 1 Thess. 4-5

La Bible en 2 ans : Nombres. 36 ; Deut. 1:1-22

« Et, l'amertume dans l'âme, elle pria l'Éternel et versa des pleurs » (1 Samuel 1:10)

Les prières superficielles produisent généralement de piètres résultats. Les prières murmurées, distraites et précipitées déplacent rarement des montagnes tenaces. Face à une difficulté sérieuse — un retard, une porte fermée, un fardeau de longue date ou un problème de santé persistant —, Dieu peut dire : *« Passe à la vitesse supérieure. Va plus en profondeur »*. Anne nous a montré l'exemple.

Pendant des années, elle a prié pour avoir un enfant, mais rien n'a changé. Beaucoup auraient abandonné, blâmant Dieu ou acceptant la défaite. Mais Anne a agi différemment. Cette fois, sa prière a atteint un niveau supérieur. Elle a prié avec ferveur, concentration et urgence. Elle a répandu son âme devant le Seigneur (v.15). Elle a pleuré. Elle a refusé toutes formes de distraction. Elle a même ajouté un vœu d'abandon total (v. 11). Sa prière n'était plus une simple routine ; elle est devenue une foi désespérée.

C'est là toute la différence entre dire des prières et gémir dans la prière. Quand Éli l'a aperçue pour la première fois, il a pensé qu'elle était ivre. Pourquoi ? Parce qu'une prière profonde peut paraître étrange aux yeux de simples observateurs. Mais le ciel a entendu son cri. Avant qu'elle ne quitte le temple, son cœur fut rempli de paix (v. 18). Peu après, Samuel fut conçu. Sa percée dans la prière a précédé sa percée.

Alors, comment faire passer sa prière à un niveau supérieur ? Prie avec sincérité, pas par simple devoir religieux. Élimine les distractions. Persévère même lorsque les réponses tardent à venir. Ajoute le sacrifice et l'abandon. Refuse de renoncer. Il faut *« toujours prier, et ne point se relâcher »* (Luc 18:1).

As-tu abandonné ? Recommence. Amène ta prière à un niveau supérieur. Dieu répond encore aux prières ferventes.
Les montagnes ne bougent pas par des prières endormies. Elles se déplacent par des prières ferventes et pleines de foi.

Action : *trois fois cette semaine, consacre une heure à la prière pour le fardeau qui te pèse le plus dans le cœur, dans la concentration, sans distraction et avec sincérité.*

Prions

1. *Père, merci de toujours écouter et de toujours répondre à mes prières, au nom de Jésus.*
2. *Seigneur, ravive le feu et la passion dans ma vie de prière, pour prier avec puissance, au nom de Jésus.*
3. *Saint-Esprit, aide-moi à prier avec concentration et persévérance, au nom de Jésus.*
4. *Père, enlève tout découragement qui me pousse à abandonner, au nom de Jésus.*
5. *Seigneur, alors que je crie à toi aujourd'hui, transforme mes demandes de longue date en témoignages, au nom de Jésus.*

Mercredi 13 mai

LA PUISSANCE DE LA TEMPÊTE DE PRIÈRE

Lis : Actes 12:5–17

La Bible en 1 an : Ps. 1-3

La Bible en 2 ans : Deut. 1:23-46 ; 2

« Pierre donc était gardé dans la prison ; et l'Église ne cessait d'adresser pour lui des prières à Dieu. » (Actes 12:5)

La « Tempête de prière » n'est pas qu'une métaphore ; c'est une réalité biblique où la prière collective, fervente et persévérante, libère la puissance de Dieu pour briser les chaînes. Dans Actes 12, Pierre faisait face à une mort presque certaine, enchaîné et gardé par des soldats. Pourtant, les croyants ne se sont pas laissés gagner par la panique et n'ont pas eu recours à des stratagèmes humains. Ils se sont engagés dans une tempête de prière « fervente ». Le mot grec pour « fervent » (*ektenos*) implique un étirement ou un effort intense — un niveau d'intensité qui reflète l'effort physique d'un coureur. C'est le genre de prière qui transperce les cieux.

Beaucoup de situations dans nos vies restent les mêmes parce que nous considérons la prière comme un rituel plutôt que comme une tempête. Nous prions à voix basse lorsque nous devrions crier avec foi. La tempête de prière de l'église dans ce passage était si puissante qu'elle n'a pas seulement ouvert une porte ; elle a complètement brisé les serrures et les chaînes de la prison. Cela révèle que lorsque nous coordonnons nos prières avec la volonté de Dieu, il n'existe aucune barrière qui puisse subsister. Les obstacles auxquels tu es confronté aujourd'hui — qu'ils soient spirituels, émotionnels ou physiques — ne font pas le poids face à une église qui sait prier avec ferveur.

Te sens-tu « prisonnier » d'une situation qui semble infranchissable ? Ne laisse pas le silence de la situation t'intimider au point d'arrêter de prier. Continue de faire souffler la tempête d'intercession. La foi se manifeste dans la persévérance de notre prière, surtout lorsque les résultats ne sont pas immédiats. Aujourd'hui, augmente la fréquence et la ferveur de tes prières. Lorsque le peuple de Dieu décide de prier d'un commun accord, le Ciel répond.

Déclaration prophétique : *je refuse d'être retenu captif ! Mes prières sont une tempête qui brise toutes les chaînes ! Je déclare que ma percée arrive pendant que je continue de prier !*

Prions

1. *Père, allume une « tempête de prière » dans mon cœur qui ne s'arrêtera pas tant que je n'aurai pas vu ma percée.*
2. *Seigneur, brise toutes chaînes de limitation que l'ennemi a placées autour de ma vie et de ma famille.*
3. *Ô Seigneur, j'aligne mes prières à ta volonté aujourd'hui, je crois que l'impossible va se réaliser.*
4. *Saint-Esprit, apprends-moi à prier avec la ferveur qui fait bouger la main de Dieu.*
5. *Je reçois la victoire qui vient d'une prière persévérante, fervente et unie !*

Jeudi 14 mai **GARDE SILENCE !**

Lis : Luc 23:8–15

La Bible en 1 an : Ps. 4-6
La Bible en 2 ans : Deut. 3 ; 4:1-24

« Le Seigneur combattra pour vous ; et vous, gardez le silence » (Exode 14:14).

Il y a des batailles que Dieu veut mener pour toi — des batailles contre les fausses accusations, la haine, la diffamation et les complots contre toi. Mais pour que Dieu combatte pour toi, tu dois apprendre la discipline du silence. Beaucoup de gens perdent leurs victoires parce qu'ils parlent trop, parce qu'ils réagissent trop vite ou parce qu'ils s'expliquent trop. La nature humaine nous pousse à nous défendre lorsque nous sommes offensés, insultés ou calomniés. Pourtant, parler sous le coup de la colère ou de la peur compromet souvent la stratégie de Dieu. Certaines bénédictions ont été retardées simplement parce que la bouche s'est ouverte avant que l'Esprit ne parle.

Jésus est notre parfait exemple. Lorsque la femme surprise en adultère fut traînée devant lui, il a utilisé le silence pour apaiser la colère et attendrir les cœurs des accusateurs. Son calme a laissé place à la sagesse divine. Pendant son procès dans Luc 23:8-15, Jésus a refusé de se défendre. Il savait que le silence n'est pas une faiblesse ; c'est une autorité spirituelle. Ésaïe a prophétisé que, bien que ses paroles soient tranchantes comme une épée (Ésaïe 49:2), il ne criera point et n'élèvera point la voix dans les rues (Ésaïe 42:2). La douceur n'est pas l'absence de pouvoir ; c'est la maîtrise du pouvoir.

1. **Quand faut-il garder le silence ?** Quand les émotions sont vives, quand tu es en colère, quand quelqu'un essaie de te provoquer, quand tu n'as pas toutes les informations, et quand parler ne changera rien à la situation. Des études médicales montrent que le silence réduit le stress et aide le cerveau à penser clairement. Le silence est souvent la réponse la plus sûre en cas de conflit.
2. **Quand faut-il parler ?** Parle quand le Saint-Esprit te donne la paix. Parle pour édifier, et non pour provoquer. Parle pour défendre les faibles, pour proclamer la parole de Dieu et pour confesser ta foi avec audace. Jésus ne parlait que lorsque cela était conforme à la volonté de son père.

Quand tu gardes le silence, Dieu parlera pour toi, te défendra et t'élèvera.

Action : *Utilise le silence comme une arme pour apaiser la colère et écouter la voix de Dieu.*

Prions

1. *Père, merci d'être mon défenseur et ma voix, au nom de Jésus.*
2. *Seigneur, délivre-moi de toute tendance à réagir par la colère ou par des paroles inutiles, au nom de Jésus.*
3. *Père, accorde-moi la grâce de rester silencieux quand le silence est ta stratégie, au nom de Jésus.*
4. *Saint-Esprit, apprends à ma langue à ne prononcer que des mots qui apportent la vie, la guérison et la paix, au nom de Jésus.*
5. *Je déclare que Dieu mènera mes batailles et que mon silence ouvrira des portes de victoire, au nom de Jésus.*

Vendredi 15 mai

COMMENT MAÎTRISER SA COLÈRE

Lis : Éphésiens 4:26–32

La Bible en 1 an : Ps. 7-9

La Bible en 2 ans : Deut. 4:25-49 ; 5

« Celui qui est lent à la colère vaut mieux qu'un héros, et celui qui est maître de lui-même, que celui qui prend des villes » (Proverbes 16:32)

La colère incontrôlée est pire qu'une bombe nucléaire. Une bombe détruit un lieu une fois, mais la colère incontrôlée peut exploser continuellement — brisant la vie d'une personne, blessant une famille, divisant une communauté et déstabilisant une nation. Visite n'importe quelle prison et tu rencontreras des gens qui n'avaient pas prévu de devenir criminels. Un moment de colère les a poussés à agir sans réfléchir, et cette seule décision a bouleversé leur destinée.

La colère en elle-même n'est pas un péché. Dieu a créé la colère pour nous aider à réagir face à l'injustice, à résister au mal et à défendre ce qui est juste. Mais lorsque la colère reste trop longtemps dans le cœur ou devient incontrôlable, elle devient un feu dévastateur. La Bible nous met en garde contre la colère en nous révélant que : *« l'irritation repose dans le sein des insensés »* (Ecclésiaste 7:9). Des études médicales montrent que la colère chronique augmente le risque de crise cardiaque, d'hypertension, d'ulcères et d'affaiblissement du système immunitaire. Sur le plan spirituel, la colère ouvre la porte au diable (Éphésiens 4:27). Sur le plan émotionnel, elle obscurcit le jugement. Sur le plan relationnel, elle détruit la confiance et rend les blessures plus difficiles à guérir.

Pour maîtriser la colère, fais ceci :

1. **Prends le temps de réfléchir avant d'agir** : Proverbes 14:29 dit : *« Celui qui est lent à la colère a une grande intelligence. »* Une règle simple comme compter de 1 à 10, boire un verre d'eau ou prendre du recul aide le cerveau à passer de la réaction au raisonnement.
2. **Prie immédiatement :** lorsque Néhémie a entendu des nouvelles troublantes, il a prié avant de réagir (Néhémie 2:4). La prière apaise le cœur et invite le Saint-Esprit à contrôler nos émotions.
3. **Parle lentement et doucement** : la science confirme que baisser la voix calme le cerveau et réduit l'intensité émotionnelle. Proverbes 15:1 enseigne qu'une : *« réponse douce calme la fureur. »*
4. **Pardonne vite** : garder rancune alimente la colère. Jésus nous appelle à pardonner pour que nous puissions guérir.
5. **Réfléchis aux conséquences** : de nombreux témoignages de prisonniers repentis montrent que le fait de penser aux conséquences futures aurait pu les empêcher de commettre l'irréparable.

Demande à Dieu de te donner un esprit calme qui vaincra la colère avant qu'elle ne te vainque.

Action : *Décide d'appliquer les règles ci-dessus chaque fois que tu te mettras en colère cette semaine.*

Prions

1. *Père, merci de m'avoir donné des émotions et la grâce de les contrôler, au nom de Jésus.*

2. *Père, délivre-moi de toute forme de colère incontrôlée qui cherche à détruire ma destinée, au nom de Jésus.*
3. *Seigneur, remplis mon cœur du Saint-Esprit afin que la patience et la sagesse guident mes réactions, au nom de Jésus.*
4. *Père, guéris chaque blessure et souvenir qui alimente la colère en moi, au nom de Jésus.*
5. *Je déclare que la colère ne régnera pas sur ma vie ; je marche dans paix, la sagesse et la maîtrise de soi à partir d'aujourd'hui, au nom de Jésus.*

Samedi 16 mai

4 RÈGLES POUR INTERPRÉTER TES RÊVES

Lis : Job 33:14–16 ;
Daniel 2:19–22

La Bible en 1 an : Psaumes 10-12
La Bible en 2 ans : Deut. 6-7

« N'est-ce pas à Dieu qu'appartiennent les explications ? » (Genèse 40:8)

Dieu peut parler à travers les rêves, mais tous les rêves n'ont pas une signification divine. Les Écritures montrent que l'interprétation appartient à Dieu, et non à l'imagination humaine. Joseph et Daniel dépendaient tous deux de Dieu pour l'interprétation des rêves. Si tes rêves sont mal interprétés, ils peuvent mener à la peur, à la confusion ou à de mauvaises décisions.

Voici quatre règles bibliques pour interpréter les rêves :

1. ***Soumets chaque rêve aux Écritures :*** Dieu ne contredit jamais sa parole. Si un rêve favorise le péché, l'orgueil, la peur ou la confusion, il ne vient pas de lui. La Bible est l'autorité ultime. Le Saint-Esprit confirme par les Écritures.
2. ***Considère le contexte de ta vie :*** certains rêves reflètent le stress, des conversations récentes ou des pensées quotidiennes. Tout n'est pas forcément un combat spirituel. Pose-toi la question : ce rêve est-il influencé par une chose que j'ai vue ou à laquelle j'ai pensé hier ou récemment ?

3. ***Recherche une signification centrée sur Christ :*** les messages de Dieu dans les rêves s'alignent avec la rédemption, la correction, la direction ou l'avertissement ; et non la superstition. Dans les Écritures, les rêves préparent souvent les gens pour une mission (Joseph dans Matthieu 1-2). Christ reste le centre.
4. ***Recherche la prière et de sages conseils :*** Joseph et Daniel ont interprété les rêves avec humilité. Évite l'auto-interprétation guidée par l'émotion. Prie d'abord. Si nécessaire, demande conseil à une personne sage. La paix est un indicateur clé de la voix de Dieu.

Considère le rêve du pharaon (Genèse 41). L'interprétation a été source de préparation, et non de panique. La véritable révélation divine apporte clarté et direction.

Les rêves ne sont pas destinés à te contrôler. Le Saint-Esprit guide les croyants principalement par la parole et le témoignage intérieur. Les rêves sont secondaires, pas fondamentaux. Alors, n'aie pas peur des rêves. Ne les idolâtre pas. Examine-les.

Christ est ton berger. Il te guide clairement.

Action : *Si tu fais un rêve troublant, écris-le, prie à ce sujet et confronte-le aux Écritures avant de réagir.*

Prions

1. *Père, merci de parler clairement et fidèlement, au nom de Jésus.*
2. *Seigneur, délivre-moi de la peur et de la confusion concernant les rêves, au nom de Jésus.*
3. *Saint-Esprit, donne-moi le discernement pour interpréter correctement, au nom de Jésus.*

4. *Père, aligne chaque révélation dans ma vie avec ta parole, au nom de Jésus.*
5. *Je décrète que Christ me conduit dans la clarté et la vérité, au nom de Jésus.*

Dimanche 17 mai **L'ÉPÉE POUR LE COMBAT**

Lis : Éphésiens 6:10-17 ;
Hébreux 4:12

La Bible en 1 an : Ps. 13-15
La Bible en 2 ans : Deut. 8-9

« Prenez aussi le casque du salut, et l'épée de l'Esprit, qui est la parole de Dieu » (Éphésiens 6:17)

Dans la guerre spirituelle, la seule arme offensive mentionnée dans l'armure de Dieu est l'épée de l'Esprit — la parole de Dieu. Les boucliers défendent. Les casques protègent. Mais l'épée avance. Sans la parole, un croyant est armé, mais incapable de frapper. Imagine un soldat bien équipé de gadgets pare-balles, mais sans arme à feu.

Quand Jésus fût tenté dans le désert, il n'a pas discuté avec Satan. Il n'a pas accompli de miracles. Il a dit : « Il est écrit. » À trois reprises, il a utilisé les Écritures comme arme (Matthieu 4:1–11). Le Fils de Dieu a choisi la parole comme son épée. Si Christ s'est appuyé sur les Écritures pour combattre, à combien plus forte raison nous ?

Une épée doit être tranchante et maniée avec habileté. Posséder une Bible n'est pas la même chose que la manier. La parole doit être connue, crue, proclamée et mise en pratique. Hébreux 4:12 déclare que la parole de Dieu est vivante et efficace — elle pénètre, transperce et tranche même la tromperie.

Imagine un soldat allant au combat sans avoir été formé à l'utilisation de son arme. La peur le dominera. Mais lorsqu'il est formé et confiant, il avance avec assurance.

Beaucoup de croyants sont vaincus non pas parce qu'ils manquent de promesses, mais parce qu'ils ne les connaissent pas.

L'épée n'est pas destinée à être exposée ; elle est faite pour le combat. Quand la peur murmure, déclare la vérité. Quand la tentation monte, cite les Écritures. Quand le doute surgit, proclame les promesses de Dieu.

À la croix, Jésus a remporté la victoire. La parole confirme cette victoire chaque jour. La croissance exige une rigueur spirituelle. Le christianisme superficiel produit des lames émoussées. Une méditation assidue produit des lames aiguisées.

Aiguise ton épée par l'étude et la prière. Garde-la près de ton cœur. Proclame-la avec foi. La victoire appartient à ceux qui manient la parole.

Action : *Mémorise un verset biblique cette semaine et utilise-le intentionnellement dans la prière et la proclamation.*

Prions

1. *Père, merci de m'avoir donné ta parole vivante, au nom de Jésus.*
2. *Seigneur, allume en moi la soif d'étudier et de méditer les Écritures, au nom de Jésus.*
3. *Saint-Esprit, apprends-moi à manier la parole avec assurance et précision, au nom de Jésus.*
4. *Père, fais taire tout mensonge de l'ennemi par ta vérité, au nom de Jésus.*
5. *Je frappe toute puissance satanique qui défie la destinée et je récupère toutes les bénédictions perdues, au nom de Jésus.*

Lundi 18 mai **LA PUISSANCE POUR LE COMBAT**

Lis : Éphésiens 6:10–18

La Bible en 1 an : Ps. 16-18
La Bible en 2 ans : Deut. 10-11

« Au reste, fortifiez-vous dans le Seigneur, et par sa force toute puissante. » (Éphésiens 6:10)

La véritable force au milieu des combats les plus rudes de la vie ne se trouve jamais dans la détermination humaine ou le courage psychologique ; elle se trouve exclusivement dans le Seigneur. L'exhortation de l'apôtre Paul dans Éphésiens 6:10 est un appel à adopter une attitude spécifique : « fortifiez-vous dans le Seigneur ». Le mot grec *dynamis*, utilisé ici, fait référence à la puissance inhérente et à la capacité divine. Lorsque les tempêtes de la vie se déchaînent, notre détermination naturelle cède souvent, mais la puissance de Dieu en nous est inébranlable. La force n'est pas l'absence d'épreuves ou le fait d'éviter des conflits ; c'est la présence de la puissance du Tout-Puissant résidant dans un vase humain, nous permettant de rester fermes lorsque le monde s'attend à ce que nous nous effondrions.

Considère la vie de David. Dans 1 Samuel 30, il est retourné à Tsiklag et a trouvé sa ville incendiée, sa famille capturée, et ses propres hommes parlaient de le lapider. Le texte note que David était « profondément affligé », mais qu'il a trouvé de la force dans le Seigneur son Dieu. La victoire de David n'a pas commencé lorsqu'il a vaincu ses ennemis sur-le-champ de bataille ; tout a commencé lorsqu'il s'est tourné vers le Seigneur au milieu de son désespoir. Cela nous enseigne que le combat se gagne en interne avant même d'être mené en externe. Quand tu es fort dans le Seigneur, tu n'es pas ébranlé par les aléas changeants de la vie, car ton fondement est le caractère inébranlable de Dieu.

Essaies-tu de mener tes combats avec tes propres ressources limitées ? Beaucoup de croyants se retrouvent épuisés parce qu'ils tentent de résoudre leurs problèmes par leur propre intelligence, par la manipulation ou par la simple volonté. Ce sont là des outils fragiles face au combat spirituel. Aujourd'hui, cesse d'essayer d'être fort *pour* le Seigneur et commence à être fort *dans* le Seigneur. Laisse sa puissance inhérente devenir ton armure. Lorsque tu t'ancres dans sa puissance, tu découvres une résilience qui défie toute logique, te permettant de tenir ferme, de résister et de triompher même lorsque tout semble contre toi.

Déclaration prophétique : *je déclare que je suis fort dans le Seigneur et dans la puissance de sa force ! Sa force me soutient, et je ne me laisserai ébranlé par aucune épreuve !*

Prions

1. *Seigneur, fortifie-moi aujourd'hui par ta force puissante, et non par mes propres efforts défaillants.*
2. *Accorde-moi un esprit résilient qui reste calme et stable dans moments difficiles.*
3. *Garde ma foi inébranlable, même lorsque les tempêtes de la vie semblent faire rage contre moi.*
4. *Donne-moi la force de tenir bon dans chaque bataille, sachant que tu combats pour moi.*
5. *Que ta force se manifeste pleinement dans ma faiblesse, Seigneur ; manifeste ta puissance à travers moi.*

Prière prophétique de la semaine

1. ***« Ranime le don de Dieu que tu as reçu. » (2 Timothée 1:6).*** *Mon appel et mon manteau spirituel s'activent aujourd'hui, au nom de Jésus.*
2. ***« Voici, je vous ai donné le pouvoir... sur toute la puissance de l'ennemi. » (Luc 10:19).*** *Mon autorité en Christ est restaurée et toute puissance des ténèbres s'incline, au nom de Jésus.*
3. ***« Car je connais les projets que j'ai formés sur vous. » (Jérémie 29:11)*** *Le plan et le dessein de Dieu pour ma vie, au nom de Jésus.*

Mardi 19 mai **LA RAPIDITÉ DE L'OBÉISSANCE**

Lis : Psaume 119:57-64

La Bible en 1 an : Ps. 19-21
La Bible en 2 ans : Deut. 12-13

« Je me hâte, je ne diffère point d'observer tes commandements » (Psaume 119:60).

L'instruction prophétique « Élargis ta tente » n'est pas qu'une simple invitation ; c'est un commandement urgent. Après avoir reçu la direction divine grâce à notre intimité avec Dieu, le facteur décisif pour la manifestation est la rapidité de notre obéissance. Le retard est souvent le vide spirituel qui permet au doute, au raisonnement humain et aux ruses de l'ennemi de s'infiltrer et de compromettre la pureté du plan — la direction divine reçue de Dieu.

Le psalmiste comprenait l'urgence de l'obéissance. Il a déclaré : *« Je me hâte, je ne diffère point d'observer tes commandements. »* Cher ami, le timing de Dieu est crucial dans tout ce qu'il veut accomplir dans ta vie. N'oublie jamais que les ressources, les relations et la faveur nécessaires à ta croissance se présentent souvent dans des fenêtres d'opportunité spécifiques. L'obéissance rapide et le discernement opportuns sont donc essentiels. Lorsque Élisée a ordonné à la veuve d'aller emprunter des vases vides et de commencer à verser le peu d'huile qu'elle possédait (2 Rois 4:1-7), cette instruction a ouvert une fenêtre pour son miracle. Sa percée dépendait de sa capacité à agir dans l'immédiat et avec foi. De même, lorsque Élie a demandé à la veuve de Sarepta de lui préparer un repas avec la toute dernière portion de nourriture qu'elle avait (1 Rois 17:8-16), ce n'était pas une simple demande ; c'était une opportunité divine pour une provision surnaturelle. En répondant par la foi plutôt que d'attendre un moment plus opportun, elles sont entrées dans leur saison de provision divine.

Le jeûne et la prière nous aident à développer le muscle spirituel qui nous permet de répondre à l'impulsion de l'Esprit par une action immédiate sans hésitation. L'absence de prière affaiblit ta capacité à discerner les opportunités divines.

Veux-tu vivre des interventions divines cette année ? Tu dois te méfier de l'ennemi subtil appelé procrastination. Cet esprit se manifeste par la peur ou le désir d'analyser en profondeur le commandement de Dieu avant d'obéir. Cher ami, ta mission n'est pas de tout comprendre dans les moindres détails, mais de faire confiance à Dieu et de te hâter d'obéir à ses instructions.

Une obéissance rapide renforcera ta foi et prouvera ta fiabilité pour les missions plus importantes que Dieu te confie cette année. Que ta devise aujourd'hui soit : Pas de retard ! Reçois le commandement, et agis rapidement pour exécuter la stratégie divine pour l'expansion de ton territoire.

Action : *Engage-toi aujourd'hui à obéir immédiatement et complètement à la toute première instruction claire et positive ou à la première conviction que tu reçois du Saint-Esprit, sans tarder ni réfléchir.*

Prions

1. *Père, je te remercie pour la direction divine claire que tu m'as donnée, au nom de Jésus.*
2. *Saint-Esprit, retire de ma vie tout esprit de procrastination, de retard et de paralysie due à l'analyse, au nom de Jésus.*

3. *Je reçois la grâce d'agir promptement et de mettre en pratique ta parole sans hésiter, au nom de Jésus.*
4. *Seigneur, que mon obéissance immédiate accélère la manifestation et l'établissement de ma croissance spirituelle cette année, au nom de Jésus.*
5. *Je déclare que les opportunités urgentes de ma percée sont saisies avec rapidité et précision, au nom de Jésus.*

Mercredi 20 mai

LE COMBAT CONTRE L'ESPRIT DU RETARD

Lis : Daniel 10:12-13 ;
Joël 2:25-27

La Bible en 1 an : Ps. 22-24
La Bible en 2 ans : Deut. 14-15

« Daniel, ne crains rien ; car dès le premier jour... tes paroles ont été entendues » (Daniel 10:12)

Le retard est peut-être l'un des combats les plus décourageants dans la vie d'un croyant. Tu as prié. Tu as jeûné. Tu as obéi. Pourtant, la réponse semble reportée à plus tard. Avec le temps, l'espoir s'affaiblit et la vision s'estompe. Mais tout retard n'est pas un refus.

Dans Daniel 10, le prophète a jeûné pendant vingt et un jours. Le ciel avait répondu dès le premier jour, mais une résistance spirituelle empêchait la manifestation de la promesse. La réponse avait été envoyée, mais un combat avait éclaté dans le monde invisible. Cela révèle que certains retards sont dus à une opposition spirituelle qui nécessite une prière persistante.

Cependant, nous devons être prudents. Tout retard n'est pas d'origine démoniaque. Certains retards sont une préparation divine. Jésus a tardé à rendre visite à Lazare, mais ce retard a produit une plus grande gloire (Jean 11:6). Christ n'est jamais en retard ; il agit selon le calendrier de rédemption.

L'esprit du retard cherche à produire la frustration, le doute et la fatigue spirituelle. Il murmure : « Ça n'arrivera jamais. » S'il n'est pas combattu, il entraîne la compromission. Abraham et Sara ont essayé d'aider Dieu par l'intermédiaire d'Agar, car la promesse semblait tarder à se réaliser.

Le combat contre le retard implique la persévérance dans la prière, l'alignement avec la volonté de Dieu et une foi inébranlable. Jésus a enseigné que les hommes doivent toujours prier et ne pas se décourager (Luc 18:1). La persévérance te prépare à une percée.

Imagine une graine semée en terre. Pendant un temps, rien ne semble visible. Pourtant, des racines se développent. Le retard est parfois une croissance sous-jacente.

À la croix, Jésus a vaincu toutes les forces chargées d'entraver la destinée. Joël promet la restauration des années perdues. Ce qui semblait bloqué peut être accéléré par une intervention divine.

La croissance exige de la persévérance. Refuse de céder au découragement. Reste ferme dans la foi. Le timing de Dieu est parfait, et sa promesse est sûre.

Action : *Identifie une promesse que tu as presque abandonnée et réengage-toi à prier avec persévérance pour elle.*

Prions

1. *Père, merci de m'entendre dès le premier jour où je prie, au nom de Jésus.*
2. *Père, je brise tout pouvoir et toute stratégie sataniques qui cherchent à retarder ma progression et ma destinée, au nom de Jésus.*
3. *Seigneur, lève toi et disperse toute puissance et toute opposition qui se dressent sur le chemin de mon avancement, au nom de Jésus.*
4. *Père, restaure chaque opportunité et saison que j'ai perdues à cause du retard et accorde-moi la vitesse surnaturelle, au nom de Jésus.*
5. *Seigneur, accorde-moi la sensibilité nécessaire pour reconnaître tes opportunités et la grâce d'obéir rapidement, au nom de Jésus.*

Jeudi 21 mai **LE POUVOIR DE LA PERSÉVÉRANCE**

Lis : Luc 18:1-8

La Bible en 1 an : Ézé. 22-24
La Bible en 2 ans : Deut. 16-17

« Et Dieu ne fera-t-il pas justice à ses élus, qui crient à lui jour et nuit… ? » (Luc 18:7)

La parabole de la veuve persévérante nous enseigne que la prière ne consiste pas toujours à convaincre un Dieu réticent à agir, mais elle consiste à maintenir notre position jusqu'à ce que la réponse se manifeste. Le pouvoir de la veuve ne venait ni de son statut ni de ses arguments juridiques ; il venait de son refus d'abandonner. Dans une culture où elle n'avait pas d'avocat, sa persévérance est devenue son arme la plus redoutable.

Prends par exemple l'histoire de George Müller, qui s'occupait de milliers d'orphelins en Angleterre au XIXe siècle. Müller pria ardemment pendant des années pour le salut de cinq amis spécifiques. L'un après l'autre, ils crurent — et le dernier crut des années après la mort de Müller. Sa persévérance n'était pas un signe de désespoir, mais une preuve de foi ferme. Il savait que s'il continuait à porter l'affaire devant le Juge, la réponse arriverait inévitablement.

Lorsque tu pries, est-ce que tu abandonnes quand la « porte » reste fermée pendant une semaine, un mois, ou une année ? La persévérance est le creuset de la foi. Elle transforme une demande en conviction profonde. Comme la veuve, nous sommes appelés à porter nos requêtes à Dieu, non pas comme des mendiants, mais comme des fils et des filles qui savent que le Père entend.

Déclaration prophétique : *je ne me lasserai pas de faire le bien ! Mes prières persistantes bougent la main de Dieu ! Je verrai la justice du Seigneur dans le pays des vivants !*

Prions

1. *Père, donne-moi l'esprit de la veuve persistante, un cœur qui refuse de perdre espoir.*
2. *Seigneur, aide-moi à discerner entre attendre ton moment et accepter les retards de l'ennemi.*
3. *Saint-Esprit fortifie mes mains et mes genoux quand la bataille pour ma percée se prolonge.*
4. *Ô Seigneur, je t'apporte aujourd'hui mes demandes persistantes, en ayant confiance en ta justice fidèle.*
5. *Je reçois la grâce de rester ferme, sachant que mes prières persistantes déplacent les montagnes !*

Vendredi 22 mai

PÈCHES-TU VOLONTAIREMENT ?

Lis : Hébreux 10:26-29

La Bible en 1 an : Ézé 25-27
La Bible en 2 ans : Deut. 18-19

« Car, si nous péchons volontairement après avoir reçu la connaissance de la vérité, il ne reste plus de sacrifice pour les péchés » (Hébreux 10:26)

Pécher volontairement après avoir connu la vérité, c'est suicidaire !

Hébreux 10 nous confronte à une vérité qui fait réfléchir : il existe un danger réel lorsque quelqu'un choisit de continuer à vivre dans le péché après que Dieu lui ait révélé la voie du salut. Nous ne parlons pas ici de faiblesses ou d'échecs occasionnels, mais d'un péché délibéré et habituel, du fait de choisir les ténèbres tout en connaissant la lumière.

Dans Jean 8 : 11, Jésus avertit clairement : *« Va, et ne pèche plus. »*. Paul demanda de manière tranchante : *« Devons-nous continuer dans le péché afin que la grâce abonde ? Pas du tout ! » (Romains 6:1-2).* Pierre a parlé tout aussi fermement, disant qu'il est pire de connaître la voie de la justice et de faire demi-tour que de ne jamais l'avoir connue du tout (2 Pierre 2:20-21). La Bible s'accorde sur ce point : la vérité exige une transformation ; un changement de mode de vie.

La Bible donne des exemples tragiques de personnes qui ont ignoré l'avertissement de Dieu. Samson continua dans la luxure malgré des délivrances répétées jusqu'à ce que l'Esprit le quitte, et il ne s'en rendit même pas compte (Juges 16:20). Judas marchait avec Jésus, entendait la vérité chaque jour, mais s'accrochait au péché secret (le vol) jusqu'à ce qu'il lui soit impossible de se repentir. Le péché délibéré endort la conscience, durcit le cœur et brouille la voix du Saint-Esprit.

Dans la vie réelle, on observe des schémas similaires. Un croyant averti à plusieurs reprises d'une relation immorale, qui choisit le plaisir plutôt que l'obéissance, dont la fin est le désastre. Au début, il y a de la conviction. Peu à peu, le silence s'installe. Bientôt, la prière devient froide, la joie disparaît, et la foi s'éteint. Le péché promet toujours la liberté, mais engendre l'esclavage.

Pourquoi un croyant continue-t-il à pécher après des avertissements ? Souvent à cause des désirs incontrôlés, de la peur de s'abandonner, de la tromperie ou d'un manque de responsabilité. Le péché prospère toujours dans l'obscurité.

La liberté commence avec l'honnêteté et la repentance. La confession restaure la sensibilité. La grâce de Dieu est puissante, mais l'on ne doit pas en abuser. La croix nous libère non seulement de la peine du péché, mais aussi de son pouvoir. La grâce nous enseigne à dire NON, et non oui, au péché (Tite 2:11-12).

Ignorer la conviction, c'est comme ignorer une douleur corporelle. Au début, il t'alerte, mais si tu n'en tiens pas compte, le mal empire.

Action : *demande à l'Esprit Saint de te révéler tout péché délibéré dans ta vie. Repens toi, coupe l'accès et cherche à rendre des comptes dès aujourd'hui.*

Prions

1. *Père, Seigneur, merci pour la vérité qui me libère, au nom de Jésus.*

2. *Seigneur, sonde mon cœur et expose tout péché délibéré qui m'emprisonne, au nom de Jésus.*
3. *Père, restaure ma sensibilité à ton Saint-Esprit et la crainte de Dieu dans mon cœur, au nom de Jésus.*
4. *Feu de Dieu, descends sur moi maintenant, et brise le pouvoir du péché habituel, au nom de Jésus.*
5. *Ô Seigneur, guide-moi chaque jour et établis mes pieds sur le chemin de l'obéissance et de la sainteté, au nom de Jésus.*

Samedi 23 mai

NE TE LAISSE PAS TROMPER PAR L'OCCULTISME

Lis : Deutéronome 18:10-12

La Bible en 1 an : Ézé. 28-30
La Bible en 2 ans : Deut. 20-21

« Prenez garde que personne ne fasse de vous sa proie par la philosophie et par une vaine tromperie… et non sur Christ » (Col. 2:8)

L'occultisme se présente souvent comme quelque chose d'inoffensif, de spirituel ou même d'illuminé. Il promet des connaissances cachées, la protection, la guérison ou le pouvoir. Pourtant, derrière cette apparence attrayante se cache la tromperie. Ce qui ressemble à de la lumière est en réalité de l'obscurité déguisée. Satan utilise ces pratiques comme appât, offrant des réponses rapides et des expériences surnaturelles pour détourner les gens de la simple confiance en Dieu.

Beaucoup se retrouvent piégés parce que la tromperie semble réelle. Un horoscope semble exact. Un médium révèle des détails personnels. Un charme semble « fonctionner ». Mais même une petite vérité peut servir à vendre un gros mensonge. L'ennemi mélange faits et fiction pour gagner la confiance, puis entraîne lentement la personne dans la peur, l'esclavage et la dépendance à des pouvoirs qui ne viennent pas de Dieu. Au lieu de liberté, il y a l'oppression. Au lieu de paix, il y a l'anxiété.

La Bible nous met clairement en garde contre la divination, la consultation des esprits et la pratique de la magie. Dieu interdit ces choses parce qu'il nous aime et connaît leur danger. L'occultisme imite la puissance de Dieu tout en nous coupant de sa présence. Il murmure : « Tu peux décider de ton destin toi-même », alimentant l'orgueil et l'autodivinisation, tandis que Christ nous appelle à la foi humble et à l'abandon.

Dans Actes 19:19, les nouveaux convertis d'Éphèse brûlaient publiquement leurs livres de magie après avoir rencontré Jésus. Ils ont choisi la liberté plutôt que la fascination. Le réveil est venu lorsqu'ils ont complètement renoncé à l'occultisme.

Bien-aimés, nous n'avons pas besoin de pouvoirs secrets ; nous avons le Saint-Esprit. Nous n'avons pas besoin de charmes, nous avons Christ. La véritable protection et la véritable orientation ne viennent que de Dieu.

Action : *jette tout objet et renonce à toute pratique liée à l'occultisme et engage-toi pleinement pour Christ seul.*

Prions

1. *Père, merci de m'avoir délivré de tout piège caché des ténèbres, au nom de Jésus.*
2. *Seigneur, expose et déracine toute tromperie qui tente d'entrer dans ma vie, au nom de Jésus.*
3. *Saint-Esprit, remplis-moi de discernement pour rejeter toute fausse puissance, au nom de Jésus.*
4. *Père, brise toute chaîne de peur, d'oppression ou d'esclavage liée à une implication passée, au nom de Jésus.*
5. *Seigneur Jésus, établis-moi dans ta vérité et fais-moi toujours marcher dans ta lumière, au nom de Jésus.*

Dimanche 24 mai

SURMONTE LA MENTALITÉ DE VICTIME

Lis : Jean 5:1-9

La Bible en 1 an : Ézé. 31-33
La Bible en 2 ans : Deut. 22-23

« Lève-toi, lui dit Jésus, prends ton lit, et marche » (Jean 5:8)

L'une des mentalités toxiques les plus subtiles qui freinent le progrès des croyants est la victimisation. Elle dit : *« ce n'est pas ma faute. Si les autres m'avaient aidé, je serais allé loin ou je serais bien »*. Elle déplace la responsabilité vers l'extérieur et attend sans fin que le changement vienne des gens plutôt que de Dieu.

Dans Jean 5, un homme était malade depuis trente-huit ans. Quand Jésus lui demanda : *« Veux-tu être guéri ? »* Sa réponse fut révélatrice : *« JE N'AI PERSONNE pour me jeter dans la piscine. »* Il se concentrait sur qui l'avait laissé tomber plutôt que sur ce que Dieu pouvait faire pour lui. Son état était réel. Sa douleur était réelle. Mais son état d'esprit s'était figé dans l'impuissance.

Jésus n'a pas contesté son histoire. Il lui a donné un ordre : « LÈVE-TOI. » À cet instant, Christ l'a fait passer de la victimisation à la responsabilité. La guérison nécessitait de la participation. Il devait se lever.

Beaucoup de croyants restent bloqués non pas parce que Dieu n'a pas parlé, mais parce qu'ils répètent encore les échecs du passé. Ils blâment leur arrière-plan familial, le leadership de l'église, l'économie ou la trahison. Bien que ces facteurs puissent t'influencer, ils ne définissent pas ta destinée. Jésus, si.

À la croix, Christ a subi l'injustice suprême sans jamais adopter la mentalité de victime. Il souffrit injustement, mais il se confia au Père (1 Pierre 2:23). Si quelqu'un avait le droit de se déclarer victime, c'était Jésus. Et pourtant, il s'est levé en victorieux.

La croissance commence lorsque tu arrêtes de dire « Qui m'a fait du mal ? » et tu commences à demander : « Seigneur, à quoi m'appelles-tu maintenant ? » La guérison coule lorsque le blâme laisse place à la responsabilité.

L'élargissement exige la responsabilité. Christ t'appelle à prendre de la hauteur par rapport aux excuses. Ton passé peut expliquer qui tu es, mais il n'a pas la permission d'emprisonner ton avenir.

Action : *identifie un domaine où tu blâmes les autres et fais un pas responsable vers le changement cette semaine.*

Prions

1. *Père, merci pour la victoire que j'ai en Christ, au nom de Jésus.*
2. *Seigneur, pardonne-moi d'avoir blâmé les autres au lieu de te faire confiance pour ma percée, au nom de Jésus.*
3. *Saint-Esprit, donne-moi la force de m'élever au-dessus de mes blessures passées, au nom de Jésus.*
4. *Père, guéris chaque domaine d'injustice dans ma vie et établis-moi dans mon but, au nom de Jésus.*
5. *Père, tu m'aideras comme tu as aidé les autres ; je sors aujourd'hui avec foi en ton soutien pour d'excellents résultats dans mon travail, au nom de Jésus.*

Lundi 25 mai

BRISE LA MENTALITÉ DE PAUVRETÉ

Lis : 2 Corinthiens 8:1-9

La Bible en 1 an : Ézé. 34-36
La Bible en 2 ans : Deut. 24-25

« Car vous connaissez la grâce de notre Seigneur Jésus Christ, qui pour vous s'est fait pauvre, de riche qu'il était, afin que par sa pauvreté vous fussiez enrichis. » (2 Cor. 8:9)

La mentalité de pauvreté ne se résume pas uniquement au manque d'argent ; c'est une mentalité de manque. Elle dit : *« Il n'y en aura jamais assez... Je dois garder... Je ne peux pas prendre le risque de donner...* » Elle engendre la peur, la suspicion et une petite vision. Même lorsque Dieu pourvoit, le cœur reste anxieux.

Paul parle des croyants macédoniens qui, bien que dans une extrême pauvreté, prospéraient dans la générosité. Ils n'ont pas laissé leurs circonstances contrôler leur foi. Leur état d'esprit était façonné par la grâce, et non par le manque.

Au centre de notre foi se trouve Jésus. Bien qu'il fût riche en gloire, il devint pauvre pour nous. La croix est la preuve ultime que le ciel n'a jamais craint de donner. Christ ne s'accrochait pas au privilège ; il fit don de lui-même par générosité sacrificielle. Lorsque nous nous concentrons sur son amour et son exemple, la peur du manque commence à se briser dans nos cœurs.

La mentalité de pauvreté limite la croissance en bloquant l'obéissance. Elle remet en question la provision de Dieu. Elle considère le don comme une perte plutôt qu'une semence. Prenons par exemple le garçon avec cinq pains et deux poissons (Jean 6:9-13). S'il avait gardé son repas à cause de la peur, des milliers de personnes seraient restées affamées. Mais placé entre les mains de Jésus, le peu est devenu l'abondance. Ce garçon bénit des foules et est reparti chez lui avec plus qu'il n'avait donné.

La mentalité de manque limitera ta destinée. Mais la pensée de foi l'élargira. Le problème n'est pas combien tu as, mais comment tu le vois. Dieu multiplie les ressources que tu lui as données. Malheureusement, la plupart des gens sont aveuglés par l'esprit du « donne-moi ».

Briser la mentalité de pauvreté commence par la gratitude, la générosité et la confiance. Quand Christ devient ta source, l'argent perd son pouvoir d'intimidation. Tu passes du mode survie à la gestion responsable.

L'élargissement nécessite une perspective renouvelée. Le Dieu qui a donné son fils ne t'abandonnera pas. Rejette la peur et fais confiance au Dieu d'alliance. Vis généreusement et profite des bénédictions du Royaume.

Action : *Prépare ton cœur et donne quelque chose pour l'œuvre de Dieu que tu n'as jamais donnée auparavant.*

Prions

1. *Père, merci d'être ma source infaillible, au nom de Jésus.*
2. *Seigneur, déracine toute mentalité de manque de mon cœur, au nom de Jésus.*
3. *Saint-Esprit, apprends-moi à faire entièrement confiance à ta provision, au nom de Jésus.*
4. *Père, fais de moi un canal de générosité et de bénédiction, au nom de Jésus.*

5. *Père, alors que je commence à semer avec sacrifice pour ton œuvre, que j'expérimente l'élargissement divin de tous côtés cette année, au nom de Jésus.*

Prières prophétiques de la semaine

1. ***« C'est lui qui te donnera de la force pour les acquérir » (Deutéronome 8:18).*** *Ma prospérité est restaurée et l'œuvre de mes mains s'épanouira, au nom de Jésus.*
2. ***« Tu oins d'huile ma tête. » (Psaume 23:5).*** *L'huile du Saint-Esprit est à nouveau restaurée sur ma vie, au nom de Jésus.*
3. ***« C'est une prophétie dont le temps est déjà fixé. » (Habacuc 2:3).*** *Chaque prophétie différée dans ma vie s'active et s'accélère, au nom de Jésus.*

Mardi 26 mai

DÉPASSE LA MENTALITÉ DE COMPARAISON

Lis : Jean 21:20-22 ;
Galates 6:4-5

La Bible en 1 an : Ézé. 37-39
La Bible en 2 ans : Deut. 26-27

« Que t'importe ? Toi, suis-moi. » (Jean 21:22).

La mentalité de comparaison empoisonne discrètement la croissance spirituelle. Elle mesure constamment ses progrès personnels par rapport au succès d'autrui. Elle murmure, *« Pourquoi pas moi ? Pourquoi leur ministère grandit-il plus vite ? Pourquoi leur vie est-elle plus facile ? »* La comparaison vole la joie, déforme l'appel et engendre l'insécurité.

Après que Jésus eut restauré Pierre, il a parlé de son avenir. Mais quand Pierre remarqua Jean tout près, il demanda : *« Seigneur, et celui-ci, que lui arrivera-t-il ? »*. Au lieu de se concentrer sur sa propre mission, il se concentra sur la destinée de Jean. Jésus répondit fermement : *« Que t'importe ? Toi, suis-moi. »* Cette déclaration est libératrice. La destinée est personnelle. L'appel est spécifique. La comparaison détourne l'attention de l'obéissance.

Jésus n'a jamais comparé ses disciples les uns aux autres. Il n'a pas dit à Thomas d'être comme Jean ni à Jean d'être comme Pierre. Chacun portait un titre unique. Quand la comparaison domine, la gratitude s'estompe. Tu commences à mépriser ce que Dieu te donne.

Prenons l'exemple de deux coureurs dans une course. Si l'un se tourne constamment pour observer l'autre, il perd du rythme et de la vitesse. La concentration détermine la fin.

La croix nous rappelle que l'identité est garantie en Christ, pas dans la performance. Dieu a déclaré au sujet de son fils : *« Celui-ci est mon Fils bien-aimé en qui j'ai mis toute mon affection » (Matt. 3:17)* avant que les miracles publics ne commencent. L'identité précédait l'activité. Quand ton identité est enracinée en Christ, la comparaison perd son pouvoir.

La croissance s'accélère lorsque tu commences à célébrer les autres et à servir fidèlement dans ta propre voie. L'élargissement se produit lorsque tu suis Jésus pleinement, pas de manière compétitive. Si tu continues à regarder à gauche et à droite, tu manqueras ce que Dieu fait devant toi. L'appel de Christ reste simple et direct : suis-moi.

Action : *célèbre le succès de quelqu'un d'autre cette semaine sans le comparer à ton propre parcours.*

Prions

1. *Père, merci parce que mon identité est sécurisée en Christ, au nom de Jésus.*
2. *Seigneur, pardonne-moi de m'être comparé aux autres, au nom de Jésus.*
3. *Saint-Esprit, apprends-moi à célébrer les autres sincèrement, au nom de Jésus*
4. *Père, aide-moi à me concentrer sur ma vocation unique, au nom de Jésus.*
5. *Père, qui je suis est plus important pour toi que ce que je fais ; aide-moi à être avant de faire, au nom de Jésus.*

Mercredi 27 mai

CERTAINES PERSONNES TE CRAIGNENT

Lis : 1 Samuel 18:12-16

La Bible en 1 an : Ézé. 40-42
La Bible en 2 ans : Deut. 28

« Saül craignait la présence de David, parce que l'Éternel était avec David et s'était retiré de Saül » (1 Samuel 18 : 12).

Tous ceux qui te sourient ne te célèbrent pas vraiment. Parfois, la raison pour laquelle les gens t'évitent, te critiquent ou te combattent n'est pas parce que tu leur as fait du mal, mais parce que la main de Dieu est visible sur ta vie. Ton progrès, ta faveur et ta paix peuvent tranquillement troubler ceux qui n'ont pas la présence de Dieu.

David a vécu cela. Il n'a rien fait de mal à personne. Il a servi fidèlement, vaincu Goliath et joué de la musique pour apaiser Saül. Pourtant, Saül le craignait. Pourquoi ? *« Le Seigneur était avec lui » (v.14).* La présence de Dieu auprès de David révéla le vide de Saül. La lumière perturbe naturellement l'obscurité.

Beaucoup de croyants se découragent lorsqu'ils ressentent de la résistance ou de la jalousie. Ils demandent : « Pourquoi ne m'aiment-ils pas ? » Mais parfois, ce n'est pas de la haine ; c'est de l'insécurité. Ta discipline leur rappelle leur paresse. Ton intégrité expose leur compromission. Ta vie de prière perturbe leur sècheresse spirituelle et leur chair.

Ne te diminue pas pour mettre les autres à l'aise. Si Dieu t'a béni, marche humblement, mais avec assurance.

Jésus a dit : *« Que votre lumière luise ainsi devant les hommes » (Matt. 5:16).* Ne fais jamais baisser ta lumière pour plaire aux gens craintifs.

En même temps, protège ton cœur. Ne deviens pas fier ou méfiant. David n'a jamais attaqué Saül. Il resta respectueux et concentré sur la mission de Dieu. Quand les gens te craignent, réponds avec du caractère, pas avec vengeance.

Un jeune frère en Christ était raillé au travail pour avoir refusé des pots-de-vin. Plus tard, lorsque la corruption fut révélée, la direction lui fit confiance et le promut. Les mêmes personnes qui le méprisaient ont commencé à le respecter. Son intégrité a d'abord créé l'opposition, puis honneur.

Si Dieu est avec toi, certains te craindront. Laisse cela te rapprocher de Dieu, et non t'éloigner de lui. Reste fidèle. Ta destinée est plus grande que leur opinion.

Action : *Examine ta vie aujourd'hui et engage-toi à marcher avec humilité et intégrité sans diminuer la lumière donnée par Dieu.*

Prions

1. *Père, que ta présence repose sur ma vie chaque jour, au nom de Jésus.*
2. *Seigneur, délivre-moi de la crainte des gens, au nom de Jésus.*
3. *Saint-Esprit, garde-moi humble lorsque tu me bénis de gloire en gloire, au nom de Jésus.*
4. *Père, défends-moi contre la jalousie et les attaques cachées de ceux qui me craignent, au nom de Jésus.*
5. *Seigneur, fais de ma vie une lumière qui te glorifie partout où je vais, au nom de Jésus.*

Jeudi 28 mai

LUTTE POUR LA RESTAURATION DE TA FAMILLE

Lis : Ésaïe 49:24-25 ; Actes 16:31

La Bible en 1 an : Ézé. 43-45

La Bible en 2 ans : Deut. 29-30

« Je combattrai ceux qui te combattent, et je sauverai tes fils » (Ésaïe 49:25).

La restauration totale est incomplète si elle s'arrête uniquement à toi. L'alliance de Dieu est générationnelle. Pourtant, de nombreuses familles sont prisonnières des cycles répétés — rupture conjugale, addiction, pauvreté, colère, froideur spirituelle. Lorsque les schémas se répètent sur des générations, le combat devient nécessaire.

Ésaïe demande : *« Le butin du puissant lui sera-t-il enlevé ? »* Alors Dieu répond : *« Même les captifs des puissants seront emmenés. »* C'est une assurance divine qu'aucune servitude n'est trop forte pour la rédemption.

Dans Actes 16, le geôlier philippien rencontra Christ et Paul lui dit : *« Crois au Seigneur Jésus-Christ, et tu seras sauvé, toi et ta famille »*. Le salut n'était pas destiné à s'arrêter à une seule vie ; il était conçu pour s'écouler à travers les familles.

La guerre générationnelle commence par l'alignement personnel. Christ doit d'abord régner dans ton cœur. Tu ne peux pas briser les chaînes auxquelles tu participes encore. La repentance ferme les portes légales. La prière établit de nouveaux schémas spirituels. La déclaration de la parole de Dieu réinitialise l'atmosphère d'un foyer et d'une famille.

Regarde Abraham. Bien qu'il vienne d'un milieu idolâtre (Josué 24:2), Dieu l'appela et l'établi dans une nouvelle lignée d'alliance. Une décision d'obéir a bouleversé l'histoire générationnelle.

La croix parle plus fort que les malédictions héritées. Jésus est devenu une malédiction pour nous (Galates 3:13). Par son sang, les anciens schémas perdent leur autorité. Mais les croyants doivent faire respecter cette victoire par la prière, l'enseignement et l'exemple constant.

L'élargissement comprend la restauration familiale. Dieu désire des foyers qui reflètent sa gloire.
N'accepte pas que les cycles négatifs soient définitifs. Ce qui a commencé avant toi peut s'arrêter avec toi.

Action : *prie de manière intentionnelle cette semaine pour ta famille et proclame la délivrance et la restauration de chaque membre de ta famille.*

Prions

1. *Père, merci pour ton alliance sur ma famille, au nom de Jésus.*
2. *Seigneur, brise tous les cycles générationnels négatifs qui limitent ma famille, au nom de Jésus.*
3. *Saint-Esprit, établis Christ au centre de ma maison, au nom de Jésus.*
4. *Père, restaure le salut, l'amour, la paix et l'unité dans ma famille, au nom de Jésus.*
5. *Lève-toi, ô Père, que des portes que nous n'avons jamais connues s'ouvrent pour ma famille, au nom de Jésus.*

Vendredi 29 mai

5 FAÇONS DONT L'ADULTÈRE DÉTRUIT UNE FAMILLE

Lis : Proverbes 6:25-33

La Bible en 1 an : Éze. 46-48
La Bible en 2 ans : Deut. 31

« C'est pourquoi, fuyez l'inconduite sexuelle. Tous les autres péchés qu'un homme peut commettre n'impliquent pas son corps, mais celui qui se livre à l'inconduite pèche contre son propre corps. » (1 Corinthiens 6:18 BDS).

L'adultère n'est en aucun cas un péché privé. Bien qu'il soit la plupart du temps caché, ses conséquences affectent les mariages, les enfants et des générations. La Bible énumère clairement les dangers de l'adultère parce que selon le plan de Dieu, la famille doit évoluer dans la confiance, la fidélité, l'alliance de l'amour et la pureté. Lorsque l'adultère s'infiltre dans une maison, elle érode les fondements de celle-ci ; et les rebâtir nécessiterait des années.

Voici 5 façons dont l'adultère détruit une famille :

1. ***Elle détruit la confiance (Proverbes 6:32-33) :*** la confiance est la colle du mariage. L'adultère brise la confiance entre les partenaires et installe plutôt la suspicion. Une fois que la confiance est brisée, chaque mot, chaque acte posé est remis en question ; cela contribue à la création de la distance ainsi que de l'instabilité émotionnelles.
2. ***Elle blesse profondément les enfants (Malachie 4:6) :*** les enfants pourraient ne pas connaître

tous les détails de la situation entre les parents, mais ils perçoivent la tension dans l'atmosphère. L'adultère entraîne généralement des disputes, la séparation ou le divorce avec un impact sur les enfants qui se sentent alors confus, en insécurité et perdus sur le plan émotionnel.

3. ***Elle invite la honte et la culpabilité dans le foyer (Proverbes 5:9-11) :*** l'adultère ouvre la porte à la culpabilité sous-jacente pour le partenaire qui la commet et à une honte profonde pour la famille. Ce fardeau affecte la communication, l'intimité et la liberté spirituelle.
4. ***Elle détruit l'intimité et l'unité (Genèse 2:24) :*** l'intimité conjugale s'épanouit dans l'exclusivité et l'engagement. L'adultère dévie l'affection et l'énergie émotionnelle des partenaires, et entraîne la froideur et la division au sein du foyer.
5. ***Elle entame l'autorité spirituelle et l'héritage (1 Corinthiens 6:18-19) :*** l'adultère attriste le Saint-Esprit et mine les fondations spirituelles de la famille. Les enfants élevés dans ce genre d'atmosphère pourraient avoir des difficultés avec la confiance et l'autorité dans le mariage et même dans leur relation avec Dieu.

La Bible nous présente également un message d'espoir. Dieu pardonne celui qui se repent, il guérit les cœurs brisés et il restaure les dommages causés par le péché. Alors que l'adultère pourrait causer des blessures profondes, elle n'a pas le dernier mot sur vous. Dieu peut restaurer ton mariage et toi si tu retournes vers lui avec humilité et un cœur repentant.

La fidélité dans le mariage n'est pas qu'un devoir moral ; c'est un puissant acte d'amour qui protège ta famille et honore Dieu. *« Heureux ceux qui ont le cœur pur, car ils verront Dieu ! »*

Action :

As-tu été infidèle d'une manière ou d'une autre ? Repens-toi, sois redevable et recherche des conseils pieux. Ensuite, engage-toi de nouveau à marcher dans la pureté.

Prions

1. *Père, je te remercie pour ta miséricorde, ton amour et ta fidélité dans ma vie et dans ma famille, au nom de Jésus.*
2. *Seigneur, par la puissance du sang de Jésus, délivre-moi ainsi que ma maisonnée de toute forme de péché sexuel et de toute compromission secrète, au nom de Jésus.*
3. *Dieu de restauration, guéris toute blessure causée par l'infidélité ; rebâtis la confiance, restaure l'amour et la paix dans nos foyers, au nom de Jésus.*
4. *Saint-Esprit, fortifie-moi afin que je puisse marcher dans la pureté, garder mes yeux et mon cœur et surmonter toute tentation, au nom de Jésus.*
5. *Éternel, je suis ton temple, purifie-moi et restaure l'autorité spirituelle dans ma famille ; établis ainsi un nouvel héritage sain pour la génération à venir, au nom de Jésus.*

Samedi 30 mai

REVENDIQUE LES TERRITOIRES VOLÉS

Lis : Abdias 1:17 ; Josué 1:3

La Bible en 1 an : Col. 1-2
La Bible en 2 ans : Deut. 32

« Mais le salut sera sur la montagne de Sion, elle sera sainte, et la maison de Jacob reprendra ses possessions. » (Abdias 1:17)

Il existe des territoires dans la vie qui, selon les promesses divines, t'appartiennent, mais ne sont pas encore en ta possession. Il y a également des territoires que tu as perdus en faveur de l'ennemi. Il pourrait s'agir des domaines comme la prière, la constance, la discipline morale, la bonne gestion des finances, l'influence dans le leadership, l'unité dans la famille, l'autorité spirituelle ou alors l'héritage familial. À cause de la négligence, du péché, de la peur ou de l'opposition spirituelle, tu as cédé du terrain à l'ennemi.

Dieu a dit à Josué : *« Tout lieu que foulera la plante de votre pied, je vous le donne »*. Relève bien la nuance : le lieu est certes déjà donné *« je vous le donne »*, mais il n'est pas encore possédé. La promesse n'exclut pas la bataille. Revendiquer nécessite du courage.

En Christ, nous sommes assis dans les lieux célestes (Éphésiens 2:6). L'autorité a été obtenue par l'œuvre de la croix. Colossiens 2:15 déclare que Jésus a dépouillé les principautés et les puissances. Ta victoire est légale, mais tu dois faire preuve d'obéissance et d'une foi ardente pour l'activer.

Prenons l'exemple d'un propriétaire de terrain qui possède des terres, mais qui permet à des intrus de s'installer sur ses terres. Le titre foncier reste valide pourtant il n'est plus en possession de ses terres. À moins qu'il ne décide de les revendiquer, d'autres continueront de les utiliser comme bon leur semble. Plusieurs croyants ont la victoire légale, mais vivent en dessous des standards que leur aurait procurés leur héritage.

La guerre spirituelle ce n'est pas le fait de crier sur l'ennemi sans assurance ; c'est le fait de se tenir sur la vérité, de se repentir quand le besoin s'impose et de revendiquer avec courage tes territoires perdus dans le nom de Jésus. Si ta vie de prière est au plus bas, ravive-la. Si tu manques de discipline, instaure-la. Si ton influence a pris un coup, relève-toi.

L'expansion requiert la récupération des territoires perdus. Tu ne peux pas connaître l'expansion alors que tu bats en retraite. Le courage est le pont entre la promesse et l'entrée en possession.

Christ a déjà garanti le territoire. Il t'incombe la responsabilité de t'avancer et de l'occuper.

Action : *choisis un domaine de ta vie dans lequel tu as perdu des territoires et fais quelque chose de concret pour revendiquer ces territoires durant cette semaine.*

Prions

1. *Père, merci parce que ma victoire sur le diable est garantie en Christ, au nom de Jésus.*
2. *Éternel, pardonne-moi d'avoir cédé du territoire à cause de la peur et de la compromission, au nom de Jésus.*

3. *Saint-Esprit, fortifie-moi afin que je me tienne avec courage sur tes promesses et que je rentre en possession de mes possessions, au nom de Jésus.*
4. *Je me lève par la Parole de Dieu et je commence à revendiquer tout territoire perdu dans ma vie et dans ma famille, au nom de Jésus.*
5. *Père, que l'ange de restauration visite ma famille et moi en ce mois de récupération totale des territoires perdus, au nom de Jésus.*

Dimanche 31 mai

ÉLARGISSEMENT DE TOUS CÔTÉS

Lis : Ésaïe 54:1–3

La Bible en 1 an : Col. 3-4
La Bible en 2 ans : Rattrape ton retard

« Car tu te répandras à droite et à gauche ; ta postérité envahira des nations, et peuplera des villes désertes. » (Ésaïe 54:3)

La promesse d'expansion de Dieu n'est ni stagnante ni confinée. Elle est expansive. Lorsqu'il parle d'élargissement *« à droite et à gauche »*, il décrit en fait une dynamique qui est essentiellement inarrêtable. Cette expansion à droite et à gauche implique qu'aucune barrière, ni économique, ni sociale, ni spirituelle, ne pouvait contenir son peuple une fois qu'il avait initié leur élargissement. L'histoire regorge de récits de leur avancée surnaturelle. Dans le livre de Josué, les israélites sont entrés sur une terre qu'ils n'avaient pas cultivée et ont occupé des villes qu'ils n'avaient pas construites. Ce n'était pas le résultat de leur stratégie militaire, mais plutôt la manifestation de la promesse de Dieu de les élargir au-delà des limites de leurs efforts.

Cet élargissement est la façon pour Dieu de te dire que tes limites passées ne sont pas ta destination finale. Très souvent, nous définissons notre potentiel sur la base de nos expériences passées ou du contenu de notre compte en banque ; mais l'élargissement divin est conçu pour bouleverser ces définitions limitées. Imagine un instant une graine qui reste en terre pendant une saison ; une fois que toutes les conditions sont réunies, elle bourgeonne en dehors du sol. Elle ne va pas que croître ; elle va s'élargir. C'est à cette saison que Dieu t'appelle — une saison pendant laquelle les barrières qui retenaient ta carrière ou ta famille seront démantelées par sa puissance.

Vis-tu toujours dans le périmètre de tes anciennes limites ? Dieu t'invite à « étendre ton cordage ». En d'autres termes, tu dois commencer à te préparer en vue de l'expansion avant qu'elle ne se manifeste. Si tu pries pour la croissance de tes affaires, commence à mettre sur pied un ensemble de systèmes qui te permettront de bien gérer cette croissance. Si tu pries pour l'influence, commence à te comporter comme une personne qui porte cette influence. L'élargissement exige la foi et l'action. Aujourd'hui, identifie un domaine dans lequel tu aimerais expérimenter l'expansion et prie pour cela avec un autre niveau d'attente. Tu n'es pas destiné à rester petit ; tu vas hériter et entrer en possession.

Action : *Note un domaine de ta vie dans lequel tu désires l'élargissement (famille, ministère, carrière) et prie pour cela tous les jours de cette semaine en déclarant que Dieu ôte les barrières.*

Prions

1. *Éternel, donne-moi de m'élargir dans tous les domaines de ma vie en cette année.*
2. *Étends mes limites et élargis l'ampleur de mon influence dans ton royaume.*
3. *Que mes descendants et moi héritions de nouveaux territoires qui nous étaient impossibles d'accès auparavant.*
4. *Ôte toute barrière (mentale, physique ou spirituelle) qui empêche mon élargissement.*
5. *Rends-moi fécond et productif, même dans les lieux qui étaient auparavant déserts.*

Lundi 1er juin **REÇOIS DE L'HUILE FRAÎCHE.**

Lis : Psaumes 92:10-15 ;
Matthieu 25:1-13

La Bible en 1 an : Matthieu 1-4
La Bible en 2 ans : Deutéronome 33-34

« Je suis arrosé avec une huile fraîche. » (Psaumes 92:11)

Dans les Écritures, l'huile représente l'onction, la présence habilitante du Saint-Esprit. L'huile fraîche parle d'une grâce renouvelée pour les missions actuelles. L'huile d'hier ne peut pas te porter dans les batailles d'aujourd'hui. Lorsque l'onction s'étiole à cause de la négligence, la routine remplace la puissance.

David déclara : *« Je serai oint d'une huile fraîche. » (JND).* Remarque qu'il ne s'appuyait pas sur ses victoires passées. Bien qu'il eût vaincu Goliath et survécu à Saül, il avait encore besoin d'un nouveau revêtement de puissance. Le parcours spirituel du passé ne garantit pas l'efficacité face aux faits présents.

Dans Matthieu 25, les vierges sages avaient de l'huile en réserve, les vierges folles n'en avaient pas. Lorsque l'époux a tardé, seules celles qui avaient de l'huile étaient prêtes. L'huile ne peut être empruntée dans les moments critiques. L'intimité ne peut être sous-traitée. L'onction sur toi découle de ta communion personnelle avec Dieu.

Nous perdons parfois notre fraîcheur spirituelle à force de nous surexposer sans nous ressourcer : nous prêchons sans prier, nous servons sans nous reposer en Dieu, nous dirigeons sans attendre en sa présence. Peu à peu, nous fonctionnons de manière mécanique. Les paroles sont peut-être encore justes, mais la plénitude de sa gloire est absente.

Prenons l'exemple d'une lampe. Si l'huile n'est pas renouvelée, la flamme vacille et finit par s'éteindre. Le problème ne vient pas de la mèche, mais de l'approvisionnement en huile. Nombreux sont les croyants qui incriminent les circonstances, mais le problème de fond réside dans la sécheresse et dans la négligence de l'autel.

La bonne nouvelle, c'est que l'huile nouvelle est disponible. En Christ, le Messie, nous avons accès à un renouvellement constant. Ésaïe 61 déclare qu'il donne *« l'huile de joie au lieu du deuil »*. La récupération commence lorsque nous retournons dans le secret de notre relation avec Dieu et que nous invitons le Saint-Esprit à nous remplir de nouveau.

L'élargissement requiert une grâce renouvelée. Les niveaux supérieurs exigent une onction nouvelle. Ne te contente pas des expériences d'hier. Recherche un renouvellement quotidien. Lorsque l'onction coule, la force revient, la joie grandit et l'efficacité s'accroît. Le Dieu qui t'a oint auparavant est prêt à t'oindre à nouveau.

Action : *consacre cette semaine un temps plus long pour adorer et attendre le renouvellement du Saint-Esprit.*

Prions

1. *Père, merci pour le don du Saint-Esprit, au nom de Jésus.*
2. *Seigneur, pardonne-moi d'avoir compté sur la grâce passée au lieu de chercher une huile nouvelle, au nom de Jésus.*
3. *Saint-Esprit, remplis-moi et renouvelle-moi d'une onction nouvelle, au nom de Jésus.*
4. *Père, enlève la sécheresse et redonne-moi ma vitalité spirituelle, au nom de Jésus.*

5. *Je reçois de l'huile fraîche pour une croissance surnaturelle, au nom de Jésus (Prie en langues pendant au moins 15 minutes.).*

Prière prophétique de la semaine

1. ***« Ravive la flamme du don de Dieu. » (2 Timothée 1:6).*** *Que mon autel de prière reçoive un feu nouveau, au nom de Jésus.*
2. ***« Le Seigneur a mis fin à la captivité de Job. » (Job 42:10).*** *Toute captivité dans ma vie est brisée et ma restauration commence, au nom de Jésus.*
3. ***« Aucune arme forgée contre toi ne prévaudra. » (Ésaïe 54:17).*** *Ma famille est en sécurité et tout plan maléfique dirigé contre nous échoue, au nom de Jésus.*

Mardi 2 juin

LE FEU QUE NOUS NE POUVONS IGNORER

Lis : Actes 8:14-17 ; Actes 1:4-8

La Bible en 1 an : Matthieu 5-7

La Bible en 2 ans : Luc 1:1-38

« Alors Pierre et Jean leur imposèrent les mains, et ils reçurent le Saint-Esprit. » (Actes 8:17)

L'Église primitive avait compris une vérité fondamentale que beaucoup de croyants modernes oublient souvent : recevoir la Parole de Dieu est le commencement, mais recevoir le baptême du Saint-Esprit est la force nécessaire pour poursuivre le cheminement. Lorsque les apôtres à Jérusalem apprirent que la Samarie avait reçu la Parole, ils ne se contentèrent pas de se réjouir ; ils envoyèrent Pierre et Jean prier pour que les nouveaux croyants reçoivent le Saint-Esprit. Il ne s'agissait pas d'un simple acte cérémoniel ; c'était la reconnaissance que, sans le feu de l'Esprit, les missions ne sont qu'un effort humain. Jésus lui-même l'affirma clairement dans Actes 1:8, déclarant que la puissance est reçue *lorsque* le Saint-Esprit descend sur nous, et que cette puissance est le catalyseur de notre témoignage.

Sans ce baptême, notre service manque souvent de l'impact spirituel nécessaire pour briser les chaînes ou toucher les cœurs. Nous pouvons avoir la bonne théologie, les meilleures intentions, et même un talent naturel, mais manquer ce « feu » surnaturel qui rend un témoignage efficace. Prenons l'exemple de la transformation radicale de Pierre. Avant la Pentecôte, il était paralysé par la crainte des hommes, allant jusqu'à renier Christ devant une servante. Pourtant, après avoir été rempli du Saint-Esprit, il se tint devant les foules mêmes qui avaient condamné Jésus et prêcha avec une telle autorité que 3 000 âmes furent sauvées en un seul jour. La différence ne résidait pas dans un changement de son éducation ou de sa personnalité, mais dans le baptême du Saint-Esprit.

Cherches-tu à vivre une vie surnaturelle avec des ressources matérielles ? Il est temps de ne plus te contenter de la Parole et de rechercher la puissance du Saint-Esprit. Le baptême du Saint-Esprit n'est ni un vestige du passé ni une option réservée à une élite ; c'est le carburant essentiel pour tout enfant de Dieu qui aspire à être un témoin. Dans tes tâches quotidiennes, ne te fie pas à tes propres forces. Recherche la puissance du Saint-Esprit, car le Saint-Esprit est celui qui transforme nos efforts, même les plus faibles, en manifestations du royaume de Dieu.

Action : *consacre un moment de ta journée pour prier tout particulièrement en vue d'un nouveau baptême du Saint-Esprit ; demande-lui de revêtir de puissance ton témoignage et de te débarrasser de cette tendance à t'appuyer sur ta propre sagesse.*

Prions

1. *Seigneur, éveille en moi un désir ardent d'être baptisé du Saint-Esprit.*
2. *Remplis-moi de nouveau de ta puissance afin que mon témoignage porte l'autorité divine.*
3. *Délivre-moi du piège qui consiste à dépendre de mes talents humains pour ton œuvre.*
4. *Que ma vie soit marquée par une élévation surnaturelle et un impact spirituel.*

5. *Unis-nous comme un seul corps, embrasé par le même feu du Saint-Esprit.*

Mercredi 3 juin

L'ÉVIDENCE DU BAPTÊME DE L'ESPRIT

Lis : Actes 4:29-31 ;
1 Corinthiens 12:7-11

La Bible en 1 an : Matthieu 8-11
La Bible en 2 ans : Luc 1:39-80

« Quand ils eurent prié, le lieu où ils étaient assemblés trembla ; ils furent tous remplis du Saint-Esprit, et ils annonçaient la parole de Dieu avec assurance. » (Actes 4:31)

Lorsque le Saint-Esprit baptise un croyant, la transformation n'est pas qu'une éventualité ; elle est inévitable. Dans l'Église primitive, la manifestation immédiate fut un passage de la peur à une assurance surnaturelle. Dans Actes 4, les croyants ne priaient pas pour que la persécution cesse ; ils priaient pour avoir le courage de persévérer. Lorsqu'ils furent remplis du Saint-Esprit, l'atmosphère trembla et leurs paroles furent chargées d'une puissance révélatrice et pénétrante. Comme Paul l'écrit dans 1 Corinthiens 12:7, la manifestation de l'Esprit est donnée à chacun pour le bien de tous. Ce baptême n'est jamais une simple récompense personnelle ; il est le moteur de l'équipement collectif.

Marc 16:17-18 déclare que des signes accompagneront ceux qui croient, notamment la guérison, la délivrance et l'autorité sur le royaume des ténèbres. Ce sont là les éléments d'une mission remplie de l'Esprit. Prenons l'exemple de l'apôtre Paul et de Barnabé dans Actes 13:2-3 ;

leur mission, initialement un ministère régional, est devenue un mouvement mondial grâce à la direction spécifique et consacrée du Saint-Esprit. Prenons l'exemple concret d'un croyant timide qui, pendant des années, a peiné à partager sa foi par peur d'être rejeté. Après une véritable expérience du baptême du Saint-Esprit, sa timidité fait place à une force spirituelle et son témoignage devient un instrument privilégié pour amener d'autres personnes à Christ.

Si tu désires voir les « signes » du royaume dans ta vie, tu dois accorder de l'importance à « l'Esprit » du royaume. L'assurance, la manifestation des dons spirituels et une sensibilité accrue à la voix de Dieu sont les caractéristiques d'une vie baptisée de l'Esprit. Aujourd'hui, reconnais que tu as été appelé à être une source de bénédiction pour les autres grâce aux dons que Dieu a placés en toi. Ne laisse pas la peur occulter ton témoignage ; que le feu de l'Esprit purifie tes insécurités et transforme ta faiblesse naturelle en force surnaturelle.

Déclaration prophétique : *je déclare que je suis baptisé dans le Saint-Esprit ! L'assurance, les dons et les signes surnaturels m'accompagnent ! Ma vie et ma mission sont élevées par sa puissance, et rien ne sera impossible !*

Prions

1. *Seigneur, fais naître en moi une nouvelle forme d'assurance sainte par la puissance de ton Esprit.*
2. *Libère les dons que tu as placés en moi pour le profit du corps de Christ.*
3. *Confirme ta parole dans ma vie par des signes et des prodiges surnaturels.*
4. *Élève-moi dans ma mission par ta direction directe et sans équivoque.*

5. *Fais de moi un instrument efficace de guérison, de délivrance et de restauration.*

Jeudi 4 juin **NÉ DE L'ESPRIT**

Lis : Jean 3:1-8

La Bible en 1 an : Matthieu 12-15
La Bible en 2 ans : Luc 2

« En vérité, en vérité, je te le dis, si un homme ne naît de nouveau, il ne peut voir le royaume de Dieu. » (Jean 3:3)

Lorsque Jésus s'adressa à Nicodème, un homme profondément attaché aux traditions religieuses et à la rectitude morale, il introduisit un concept qui défiait toute logique : la nécessité de « naître de nouveau ». Il ne s'agissait pas d'un appel à améliorer son comportement ou à fréquenter davantage le temple ; c'était une invitation à une métamorphose spirituelle fondamentale. Jésus expliqua que si nous sommes nés de la chair, nous devons aussi naître de l'Esprit. Comme il le dit dans Jean 3:6 : « Ce qui est né de la chair est chair, et ce qui est né de l'Esprit est Esprit. ». La régénération est l'œuvre du Saint-Esprit, qui comble le fossé entre notre nature déchue et la vie divine de Dieu.

Cette nouvelle naissance est la condition absolue pour entrer dans le royaume. Tite 3:5, le confirme en la décrivant comme le « baptême de la régénération et le renouvellement du Saint-Esprit ». Il ne s'agit pas d'un évènement figé, ponctuel et révolu ; c'est le début d'une relation vivante et continue. Imagine une graine semée en terre. La transformation qui s'opère sous terre est d'abord invisible, mais elle change la nature même de la graine, lui permettant de germer et de devenir une nouvelle plante. De même, la régénération transforme fondamentalement notre ADN en Christ, nous permettant de percevoir les réalités de Dieu qui nous étaient autrefois cachées.

Nombreux sont les croyants qui luttent contre le péché récurrent, car ils tentent de maîtriser leur « vieil homme » au lieu de vivre pleinement leur « homme nouveau ». Tu n'as pas été créé pour simplement contrôler tes désirs charnels ; tu as été créé pour vivre de la puissance de l'Esprit qui habite en toi. La puissance qui a ressuscité Jésus est la même puissance qui œuvre actuellement dans ta vie pour renouveler ta pensée. Aujourd'hui, cesse de considérer ta foi comme un ensemble de règles à suivre. Reconnais que tu es un vase de l'Esprit vivant, renouvelé jour après jour, et laisse cette vérité guider tes pensées et tes actions.

Action : *demande aujourd'hui au Saint-Esprit d'identifier un domaine de ta vie qui fonctionne encore selon une force « charnelle », et abandonne intentionnellement ce domaine pour un « renouvellement » par l'Esprit.*

Prions

1. *Seigneur, merci pour le miracle de ma nouvelle naissance et le don du Saint-Esprit.*
2. *Seigneur, renouvelle chaque jour ma pensée, afin que je puisse pleinement vivre la réalité d'être une nouvelle création.*
3. *Délivre-moi du pouvoir de la chair et aide-moi à me soumettre plutôt à ton Esprit.*
4. *Maintiens-moi intimement lié à toi par l'œuvre continue de la régénération.*
5. *Que cette nouvelle vie en moi grandisse et se manifeste chaque jour dans mon caractère.*

Vendredi 5 juin

UNE NOUVELLE VIE DANS L'ESPRIT

Lis : Galates 5:16-25

La Bible en 1 an : Matthieu 16-19
La Bible en 2 ans : Luc 3 ; 4:1-21

« Si nous vivons par l'Esprit, marchons aussi selon l'Esprit. » (Galates 5:25)

L'apôtre Paul affirme clairement que la vie chrétienne ne se définit pas par le poids de nos efforts, mais par le fruit de l'Esprit Saint. Dans Galates 5, il oppose les « œuvres de la chair » au « fruit de l'Esprit » : l'amour, la joie, la paix, la patience, la bonté, la bienveillance, la fidélité, la douceur et la maîtrise de soi. Cette distinction est essentielle : les œuvres sont le fruit de nos efforts, tandis que le fruit croît naturellement lorsque nous demeurons dans la vigne vivifiante de l'Esprit. De même qu'un sarment ne se force pas à porter du fruit, le croyant n'a pas besoin de s'efforcer de ressembler à Christ par des pratiques religieuses. Il nous suffit de demeurer unis à la source, et sa vie coulera à travers nous.

Ce processus est un cheminement dynamique, une sorte de « marche ». Lorsque Paul nous invite à « marcher selon l'Esprit », il utilise le mot grec *stoicheo*, qui signifie marcher en rang ou suivre un ordre précis. Cela exige un choix quotidien et intentionnel de rester en phase avec le Saint-Esprit plutôt que de retomber dans les schémas indépendants de notre ancienne nature. Prenons par exemple la vertu de la patience. Lorsque nous sommes coincés dans les embouteillages ou confrontés à un collègue difficile, notre premier réflexe est la frustration. Cependant, lorsque nous « marchons » selon l'Esprit, nous laissons la nature de l'Esprit supplanter notre réaction naturelle, remplaçant notre irritation par un calme surnaturel qui n'est pas le nôtre.

Si tu t'efforces constamment d'être une « meilleure personne » sans y parvenir, c'est peut-être parce que tu essaies de produire des fruits sans prendre soin des racines. Notre rôle n'est pas de forcer le changement, mais de nous abandonner. Aujourd'hui, pratique l'art de l'abandon. Avant de parler, prends un instant pour demander à l'Esprit de guider tes paroles. Avant de réagir face à la pression, demande à l'Esprit de cultiver en toi la maîtrise de soi. Lorsque tu vis dans l'Esprit, les fruits apparaîtront inévitablement, car la vie de Christ est par nature productive.

Déclaration prophétique : *je déclare que je suis une nouvelle créature, portant le fruit de l'Esprit et marchant dans sa puissance ! Je ne lutte pas ; je demeure, et la nature de Christ se manifeste à travers moi !*

Prions

1. *Seigneur, que ton Esprit porte aujourd'hui ses beaux fruits dans ma vie.*
2. *Transforme mon caractère à l'image de Jésus, quelles que soient les circonstances.*
3. *Délivre-moi de tous les désirs charnels qui entravent la croissance de ton Esprit en moi.*
4. *Apprends-moi à marcher au rythme du Saint-Esprit à chaque instant de cette journée.*
5. *Fais de ma vie un témoignage clair et indéniable de ton amour, de ta paix et de ta bonté.*

Samedi 6 juin

LE CŒUR AVANT LES MAINS

Lis : Exode 33:7-11

La Bible en 1 an : Matthieu 20-22
La Bible en 2 ans : Luc 4:22-44 ; 5

« L'Éternel parlait à Moïse face à face, comme un homme parle à son ami. » (Exode 33:11)

Moïse était un leader renommé, un prophète et un faiseur de miracles, mais sa véritable distinction ne résidait pas dans ses talents publics, mais dans ses moments de recueillement avec Dieu. Il avait établi une « tente de rencontre » (hors du camp), un lieu qu'il avait choisi pour se retirer du tumulte des responsabilités du leadership afin de communier avec le Seigneur. Les Écritures rapportent que Dieu lui parlait « face à face », une intimité née non d'un don inné, mais d'une disponibilité constante. Si Israël admirait les résultats du leadership de Moïse, Dieu, lui, appréciait la sincérité de sa présence.

Le mot hébreu traduit par « face » dans ce passage est *panim*, qui signifie aussi « présence ». Cela nous enseigne que l'autorité spirituelle découle de la présence constante de Dieu, et non de compétences administratives ou d'une tactique brillante. Dans nos vies modernes, il est facile de consacrer toute notre énergie à « l'action » (chanter, prêcher ou organiser) en négligeant la quiétude de la « tente » de l'intimité avec Dieu. Le talent peut ouvrir des portes, mais c'est le temps passé avec le Père qui ouvre les cieux. Un service qui ne s'inspire pas de cette communion profonde finit par s'épuiser.

Josué, l'assistant de Moïse, nous offre un exemple frappant de cette priorité. Même après le départ de Moïse de la tente pour retourner au camp, le jeune Josué resta sur place, passant du temps dans la présence de Dieu. Son futur rôle de leader de la nation ne fut pas le fruit d'une promotion soudaine, mais des années passées à placer Dieu au-dessus de tout. Êtes-vous de ceux des croyants qui, dès que leurs responsabilités religieuses sont accomplies, se précipitent vers le « camp » de leurs activités quotidiennes ? Le temps passé en présence de Dieu restaure les forces perdues. Dieu suscite des leaders parmi ceux qui ont du mal à s'éloigner de ses pieds.

Déclaration prophétique : *je déclare que ma vie sera marquée par la présence, et non par la performance ! En passant du temps de qualité avec le Seigneur, il façonnera ma destinée et fera reposer sa gloire sur moi.*

Prions

1. *Seigneur, apprends-moi à chérir ta présence bien au-delà de mes capacités et talents naturels.*
2. *Père, aide-moi à construire une « tente de rencontre » au milieu de mon emploi du temps quotidien chargé.*
3. *Seigneur, que ma force et mon autorité découlent de mon intimité avec toi, et non de mes performances.*
4. *Saint-Esprit, délivre-moi de l'orgueil qui me pousse à me reposer sur mes dons sans passer du temps en ta présence.*
5. *Je reçois la grâce de devenir un véritable ami de Dieu par un moment de recueillement et de communion constante.*

Dimanche 7 juin **LA REPENTANCE : LE TOURNANT**

Lis : Actes 3:19-21 ; 2 Pierre 3:9

La Bible en 1 an : Matthieu 23-25
La Bible en 2 ans : Luc 6

« Repentez-vous donc et convertissez-vous, afin que vos péchés soient effacés, pour que des temps de rafraîchissement viennent de la part du Seigneur. » (Actes 3:19)

On confond souvent la repentance avec une simple réaction émotionnelle, un sentiment de regret ou de tristesse face à une erreur. Or, bibliquement, la repentance est un revirement radical et délibéré. C'est l'acte qui consiste à se détourner du péché et à ancrer sa vie en Dieu. L'exhortation pressante de Pierre dans Actes 3:19 associe directement ce revirement à l'avènement du « temps de rafraîchissement ». Cela nous montre que nos luttes intérieures, notre aridité spirituelle et notre stagnation sont souvent entretenues par un péché non confessé ou non abandonné. Lorsque nous cessons de nous tourner *vers* nous-mêmes et commençons à nous tourner *vers* Dieu, l'atmosphère de notre vie se transforme.

Le cœur de Dieu à ce sujet est révélé dans 2 Pierre 3:9 : « Il use de patience envers vous, ne voulant pas qu'aucun périsse, mais voulant que tous arrivent à la repentance. » Cela nous enseigne que la repentance n'est pas une barrière que Dieu place sur notre chemin pour nous punir ; c'est une porte qu'il ouvre pour nous sauver. C'est reconnaître notre incapacité totale à réparer nos erreurs, ce qui attire immédiatement le déploiement de la force de Dieu. Sans repentance, le péché demeure comme un mur entre nous et la bénédiction divine. Avec la repentance, le sang de Jésus agit comme une marée purificatrice, effaçant le passé et nous rétablissant l'accès à la présence du Père.

Te sens-tu épuisé spirituellement ? Essaies-tu d'« ajouter » plus d'activités religieuses à une vie encore marquée par la désobéissance ? La véritable puissance ne peut coexister avec la compromission. Aujourd'hui, sois honnête avec le Seigneur. La repentance n'est pas un signe de faiblesse ; c'est l'attitude la plus forte qu'un être humain puisse adopter. Elle témoigne de ton attachement à la présence du roi, plus précieux que les plaisirs éphémères de la chair. En te tournant vers lui, attends-toi à un renouveau que seul le Seigneur peut offrir.

Déclaration prophétique : *je déclare qu'en me repentant, mes péchés sont effacés et que des temps de rafraîchissement se déversent dans ma vie par le Seigneur ! Je suis pur, restauré et en accord avec son dessein !*

Prions

1. *Seigneur, accorde-moi un cœur véritablement repentant qui voit le péché comme tu le vois.*
2. *Aide-moi à me détourner de toute habitude qui entrave ma marche avec toi.*
3. *Par ta grande miséricorde, efface mes erreurs et mes échecs passés.*
4. *Rafraîchis mon âme fatiguée par la gloire de ta présence.*
5. *Garde-moi humble et dépendant de toi, loin de l'orgueil de la suffisance.*

Lundi 8 juin

LA CONFESSION : LE TÉMOIGNAGE VIVANT

Lis : Romains 10:8-13

La Bible en 1 an : Matthieu 26-28
La Bible en 2 ans : Luc 7

« Si tu confesses de ta bouche le Seigneur Jésus, et si tu crois dans ton cœur que Dieu l'a ressuscité des morts, tu seras sauvé. » (Romains 10:9)

La confession est bien plus qu'une simple déclaration vocale ; elle est le sceau extérieur d'une transformation intérieure. L'enseignement de Paul dans Romains 10:9-10 établit un lien entre la foi intime qui réside dans nos cœurs et la réalité publique de nos vies. Dans l'Église primitive, confesser « Jésus est Seigneur » était un acte d'allégeance dangereux et révolutionnaire. Cela revenait à déclarer que César n'était pas l'autorité suprême, ce qui entraînait souvent d'intenses persécutions. Aujourd'hui, notre confession demeure un pilier essentiel de notre cheminement avec Dieu. C'est une déclaration qui nous fait renoncer aux royaumes de ce monde pour prêter allégeance au royaume de Dieu.

Nous devons comprendre que la confession est un témoignage vivant. Ce n'est pas une formule magique ponctuelle que l'on récite une seule fois pour ensuite l'ignorer, mais une orientation constante de notre vie. Confesser Jésus comme « Seigneur », c'est affirmer qu'il règne sur nos décisions quotidiennes, nos finances, nos relations, et même nos pensées les plus intimes. Comme le rappelle 1 Corinthiens 15:6, des centaines de personnes ont été témoins de la résurrection ; notre confession est notre manière de nous joindre à cette foule de témoins, affirmant que nous servons un sauveur vivant. Une confession qui ne transforme pas notre vie n'est qu'un rituel religieux vide de sens.

Comment ta vie quotidienne témoigne-t-elle de la seigneurie de Jésus ? Si tes paroles proclament qu'il est Seigneur, mais que tes choix reflètent les valeurs du monde, ta confession perd de sa force. Une véritable confession scelle notre foi devant Dieu et agit comme un phare pour un monde perdu. Aujourd'hui, examine ton cœur et tes paroles. Sont-ils en accord ? Lorsque tu déclares avec assurance que Jésus est Seigneur, tu te places sous sa protection et son mandat. Que ton témoignage soit une réalité vivante et tangible que les autres peuvent voir et qui, par ton témoignage, suscitera chez eux le désir de le connaître par eux-mêmes.

Déclaration prophétique : *je déclare que Jésus est Seigneur, ressuscité des morts ! Ma confession scelle mon salut, et ma vie témoigne de son règne dans mon cœur !*

Prions

1. *Seigneur, fortifie ma profession de foi dans un monde qui me pousse à me compromettre.*
2. *Aide-moi à proclamer avec audace Jésus comme Seigneur dans mes actions, mes paroles et mes décisions personnelles.*
3. *Que ma vie soit un témoignage vivant qui attire ceux qui m'entourent vers ta lumière.*
4. *Garde mon cœur et ma bouche parfaitement alignés sur ta vérité.*
5. *Fais de moi un témoin courageux de ta puissance de résurrection chaque jour.*

Prière prophétique de la semaine

1. ***« Le joug sera détruit à cause de l'onction. » (Ésaïe 10:27 Darby).*** *Que tout embargo satanique contre ma progression soit brisé, au nom de Jésus.*
2. ***« Mais ceux qui se confient en l'Éternel renouvellent leur force. » (Ésaïe 40:31).*** *Ma force est renouvelée et je triomphe de la faiblesse, au nom de Jésus.*
3. ***« L'Éternel aussi accordera le bonheur, Et notre terre donnera ses fruits. » (Psaumes 85:12).*** *Que tout bien qui a été retardé dans ma vie soit débloqué, au nom de Jésus.*

Mardi 9 juin **DE NOUVELLES CHAUSSURES**

Lis : Éphésiens 6:13-15 ;
Josué 1:3

La Bible en 1 an : Hébreux 1-4
La Bible en 2 ans : Luc 8

« Mettez pour chaussure à vos pieds le zèle que donne l'Évangile de paix » (Éphésiens 6:15)

Dans les écritures, les chaussures symbolisent souvent la disponibilité, la direction et le mouvement. On ne porte pas de chaussures pour rester assis, mais pour marcher. Sur le plan spirituel, les « chaussures neuves » évoquent de nouvelles saisons, de nouvelles missions et de nouveaux territoires.

Lorsque Dieu a délivré Israël d'Égypte, il leur a ordonné de célébrer la Pâque en portant des sandales (Exode 12:11). Pourquoi ? Parce que la liberté impliquait de se déplacer. La délivrance n'était pas une fin, mais le début d'un voyage.

Dans Éphésiens 6, Paul décrit l'armure de Dieu et dit que nos pieds doivent être chaussés de la promptitude. Les chaussures symbolisent la préparation. On ne peut progresser pieds nus en terrain inconnu. L'expansion requiert un équipement.

Après la mort de Moïse, Josué se tenait aux portes de la terre promise. Dieu lui dit : *« Tout lieu que foulera la plante de ton pied, je te le donne en possession. »*. La promesse existait, mais la conquête exigeait de faire un pas en avant. Un nouveau territoire requiert de nouveaux pas.

Parfois, les croyants prient pour un élargissement de leur territoire, mais résistent au changement. Ils souhaitent un territoire plus vaste sans pour autant faire un nouveau mouvement. Or, Dieu ne donne pas de chaussures neuves pour servir de simples ornements. Il les donne pour la transition.

Imagine un coureur qui se prépare pour un marathon. De vieilles chaussures usées ne lui permettront pas de tenir la distance. Il lui faut du matériel neuf pour une nouvelle distance. De la même manière, l'état d'esprit, les habitudes ou la discipline spirituelle d'hier ne suffiront peut-être pas pour relever les défis de demain.

Au cœur de notre chemin se trouve Christ. Il guide nos pas (Psaume 37:23). Lorsqu'il nous offre des chaussures neuves, il nous offre une grâce nouvelle. Il t'incombe la responsabilité d'obéir.

Si Dieu t'offre des « chaussures neuves », cela signifie qu'un changement se profile à l'horizon. N'aie pas peur de la transition. Celui qui chausse tes pieds te précède.

L'élargissement commence avec un pas.

Action : *demande à Dieu où il t'appelle à faire un pas en avant avec foi et entreprends une action concrète cette semaine.*

Prions

1. *Père, merci de me préparer pour de nouvelles saisons, au nom de Jésus.*
2. *Seigneur, enlève de mon cœur la peur de la transition et du changement, au nom de Jésus.*
4. *Saint-Esprit, guide mes pas vers le dessein divin, au nom de Jésus.*
5. *Père, accorde-moi ta grâce pour chaque nouvelle mission, au nom de Jésus.*

6. *Lève-toi et fais une marche prophétique, en déclarant : « Je m'avance vers de nouveaux territoires, au nom de Jésus. »*

Mercredi 10 juin

LA RÉCOMPENSE DE LA RELATION

Lis : Jean 15:4-8

La Bible en 1 an : Hébreux 5-7
La Bible en 2 ans : Luc 9

« Demeurez en moi, et je demeurerai en vous. Comme le sarment ne peut de lui-même porter du fruit, s'il ne demeure attaché au cep, ainsi vous ne le pouvez non plus, si vous ne demeurez en moi. » (Jean 15:4)

Dans la vigne, un sarment ne fait pas d'effort pour porter du fruit ; il reste simplement attaché à la vigne. Le fruit est le produit naturel de la sève qui circule de la vigne jusqu'au sarment. Nous confondons souvent fécondité et effort, croyant qu'en travaillant davantage, en priant plus longtemps ou en nous organisant mieux, nous produirons plus pour le royaume. Or, Jésus révèle que le secret réside dans le fait de *demeurer*.

Imagine un appareil électronique branché. Il fonctionne parfaitement tant qu'il est branché ; une fois débranché, il finit par s'éteindre, aussi performant soit-il. De même, de nombreux croyants puisent dans les vestiges de leurs expériences spirituelles passées (l'autonomie de leur batterie spirituelle), qui s'amenuisent lentement à mesure qu'ils s'éloignent de la source.

Considérons la vie de l'apôtre Jean. Il est connu comme le disciple *« que Jésus aimait »* (Jean 13:23). Sa proximité avec Jésus n'était pas seulement physique ; elle était relationnelle. Tandis que d'autres se demandaient qui serait le plus grand dans le royaume, Jean cherchait à reposer sa tête contre la poitrine du maître. Cette relation fut le moteur de sa productivité, lui permettant d'écrire les réflexions théologiques les plus profondes sur la nature de l'amour de Dieu.

Ressens-tu la joie d'une vie qui porte naturellement ses fruits, ou l'épuisement d'une vie où l'on ne fait que lutter ? La véritable productivité ne réside pas dans ce que vous pouvez produire par vos efforts, mais dans ce que Dieu peut manifester à travers vous.

Déclaration prophétique : *je suis un sarment fécond ! Je demeure en Christ ! La vie de Christ coule à travers moi, et je porterai du fruit qui demeure !*

Prions

1. *Père, apprends-moi à demeurer en toi, même au milieu d'une journée chargée.*
2. *Seigneur, délivre-moi de l'épuisement des efforts et aide-moi à trouver le repos dans ta grâce.*
3. *Saint-Esprit, que la sève de ta vie imprègne chaque aspect de mes activités quotidiennes.*
4. *Seigneur, enlève de ma vie tout ce qui m'empêche de porter de vrais fruits.*
5. *Je déclare être attaché à la vigne, et ma vie sera une manifestation constante de ta fécondité !*

Jeudi 11 juin

PAS DE FEU ÉTRANGER

Lis : Nombres 3:2-10

La Bible en 1 an : Hébreux 8:10
La Bible en 2 ans : Luc 10

« Tu établiras Aaron et ses fils pour qu'ils observent les fonctions de leur sacerdoce ; et l'étranger qui approchera sera puni de mort » (Nombres 3:10)

Dieu est exigeant quant à la manière dont il est servi. Dans Nombres 3, les fils d'Aaron furent mis à part pour servir avec leur père dans le sacerdoce. Ce ministère n'était pas un simple bénévolat ; c'était une responsabilité sacrée. Ils furent appelés, désignés et formés pour manipuler les choses saintes. Dieu exigeait l'ordre, la pureté et l'obéissance.

Pourtant, Nadab et Abihu offrirent plus tard un « feu étranger » devant l'Éternel (Lévitique 10:1-2). C'était un feu que Dieu n'avait pas ordonné. Que ce soit par rébellion, par négligence ou par manque de formation, le résultat fut le même : un culte inacceptable. La sincérité ne pouvait remplacer l'obéissance. Un feu étranger, c'est tout service accompli à notre manière, plutôt qu'à la manière de Dieu.

Aujourd'hui, nous sommes sacrificateurs de Dieu (1 Pierre 2:9). Pourtant, nous aussi pouvons produire un feu étranger en prêchant sans prière, en exerçant un ministère sans consécration, en faisant preuve de charisme sans intégrité, en manifestant une excitation émotionnelle sans la présence de Dieu, ou en assumant des rôles sans préparation ni soumission. Lorsque nous agissons précipitamment sans formation, sans responsabilité ni discipline spirituelle, nous apportons une énergie humaine au lieu du feu sacré.

Les fils d'Aaron nous rappellent que l'appel seul ne suffit pas. Nous avons besoin de mentorat, d'enseignement et de consécration quotidienne. Dieu ne désire pas seulement de l'activité sur l'autel ; il désire la pureté sur l'autel.

Les sacrificateurs fidèles veillent sur leurs cœurs, se soumettent à l'autorité, apprennent patiemment et dépendent du Saint-Esprit. Le feu doit venir de Dieu, et non de la chair. Si le feu ne tire pas son origine de la présence de Dieu, il n'a pas sa place sur son autel.

Action : *examine ton service cette semaine et supprime tout ce qui a été fait par tes propres efforts ; engage-toi à la prière, à la responsabilité et à l'obéissance avant le ministère.*

Prions

1. *Père, purifie mon cœur et retire de mon service tout feu étranger, au nom de Jésus.*
2. *Seigneur, enseigne-moi à te servir selon ta Parole et non selon mes émotions, au nom de Jésus.*
3. *Saint-Esprit, forme-moi et guide-moi afin que j'assume fidèlement mes responsabilités sacrées, au nom de Jésus.*
4. *Père, délivre-moi de l'orgueil, de la précipitation et de la négligence dans le ministère, au nom de Jésus.*
5. *Seigneur, que ton feu sacré brûle continuellement sur l'autel de ma vie, au nom de Jésus.*

Vendredi 12 juin

LIBÈRE-TOI DE LA MENTALITÉ DU TOUT M'EST DÛ

Lis : Luc 15:11-24 ;
Philippiens 2:5-8

La Bible en 1 an : Hébreux 11:13
La Bible en 2 ans : Luc 11

« Ayez en vous les mêmes sentiments qui étaient en Jésus-Christ » (Philippiens 2:5).

La mentalité du tout m'est dû, c'est penser : *« Je mérite plus. Je devrais être reconnu. Je devrais être promu ».* Elle alimente sournoisement l'orgueil et le ressentiment.

Lorsque les attentes ne sont pas comblées, le ressentiment grandit. Cet état d'esprit résiste à la correction et évite le service humble ; il entame la maturité spirituelle.

Dans Luc 15, le fils prodigue a réclamé son héritage avant l'heure. Il se sentait en droit de recevoir ce qui ne lui était pas encore dû. Son impatience l'a conduit au gaspillage et à la perte. Son sentiment de droit l'a rendu aveugle face à ses responsabilités. Ce n'est que lorsqu'il a repris ses esprits et a reconnu son besoin que la restauration a commencé.

Dans Philippiens 2:5-8, Jésus présente l'esprit opposé. Bien qu'égal à Dieu, il n'a pas revendiqué son statut. Au contraire, il s'est humilié, prenant la position de serviteur. Le Roi de gloire a lavé les pieds sales des hommes. Il a choisi l'obéissance plutôt que les privilèges. Sur la croix, il a renoncé à ses droits pour notre rédemption.

Le sentiment d'avoir droit à tout étouffe la gratitude. Il rend les bénédictions insuffisantes et le service facultatif. Un croyant gouverné par cet esprit de droit a du mal à se soumettre, à être généreux et à persévérer. La croissance s'arrête là où l'orgueil s'installe.

Prenons l'exemple de deux employés : l'un travaille avec gratitude et joie, voyant des opportunités ; l'autre se plaint constamment de ce qu'il « mérite ». Avec le temps, celui qui est reconnaissant gagne en confiance et en influence, tandis que le prétentieux stagne.

En Christ, nous recevons la grâce, et non un salaire. Tout ce que nous avons est miséricorde. Lorsque nous nous souvenons que le salut lui-même est immérité, l'humilité grandit naturellement. La promotion dans le royaume de Dieu découle de l'humilité, et non de la revendication.

S'épanouir requiert un cœur de serviteur. Lorsque le sentiment d'avoir droit à tout meurt, la gratitude s'épanouit. Quand l'orgueil s'incline, la grâce se répand. Ami, la véritable grandeur réside dans l'humilité à l'image du Christ.

Action : *Cette semaine, servez quelqu'un de façon intentionnelle, sans attendre ni reconnaissance ni récompense.*

Prions

1. *Père, merci pour la grâce que je ne mérite pas, au nom de Jésus.*
2. *Seigneur, extirpe de mon cœur tout esprit d'orgueil et de prétention, au nom de Jésus.*
3. *Saint-Esprit, enseigne-moi à marcher dans l'humilité comme Christ, au nom de Jésus.*
4. *Père, aide-moi à servir fidèlement sans rechercher les louanges, au nom de Jésus.*
5. *Je reçois la force divine pour mieux servir les autres, au nom de Jésus.*

Samedi 13 juin

SORS DE TA ZONE DE CONFORT

Lis : Matthieu 14:22-33 ;
Genèse 12:1-4

La Bible en 1 an : Nombres 1:3
La Bible en 2 ans : Luc 12

« Pierre lui répondit : “Seigneur, si c’est toi, ordonne-moi de venir à toi sur l’eau.” Jésus lui dit : “Viens.” » (Matthieu 14:28-29)

La mentalité de la zone de confort nous pousse à penser : *« C’est suffisant. Je ne veux pas me dépasser. Je ne veux pas prendre de risques. »* Elle privilégie la sécurité à la croissance, la routine à l’obéissance et la familiarité à la foi. Si le confort procure un sentiment de sécurité, il devient souvent une prison.

Dans Matthieu 14, les disciples se trouvaient dans une barque pendant une tempête. La barque symbolisait la sécurité et le contrôle. Mais lorsque Pierre vit Jésus marcher sur l’eau, quelque chose en lui aspirait à plus. Sur l’ordre de Jésus, il sortit de la barque. Le miracle ne se produisit pas à l’intérieur, mais à l’extérieur de la barque. La croissance exige toujours du mouvement. Abraham dut quitter Ur avant de devenir le père des nations. S’il avait choisi la familiarité plutôt que la foi, sa destinée aurait stagné.

Les zones de confort sont insidieuses. Elles semblent raisonnables. « J’en ai fait assez. » « Ce niveau me convient. » « Pourquoi aller plus loin ? » Pourtant, l’épanouissement demande du courage. On ne peut conquérir de nouveaux territoires en refusant de continuer d’obéir.

Prenons l'exemple d'un muscle. En l'absence de résistance, il s'affaiblit. Avec de l'exercice, il gagne en masse. La foi fonctionne de la même manière. Si elle n'est jamais mise à l'épreuve, elle stagne.

Jésus ne nous a jamais appelés à la facilité. Il nous a appelés à le suivre. La croix elle-même fut le pas ultime en dehors de sa zone de confort. Christ a embrassé l'obéissance malgré la souffrance. Parce qu'il a osé sortir de sa zone de confort, nous avons accédé au salut.

En restant dans ta zone de confort, tu évites l'échec, mais tu évites aussi de grandir. En répondant à l'appel de Christ, tu découvres de nouvelles dimensions de la grâce.

L'élargissement se vit au-delà de la zone de confort. Le sauveur n'est pas dans la barque de la sécurité ; il est sur les eaux de la foi. Ose sortir maintenant !

Action : *cette semaine, fais un pas de foi qui te pousse à sortir de ta zone de confort. Fais quelque chose de nouveau.*

Prions

1. *Père, merci de m'appeler à grandir et à m'élargir, au nom de Jésus.*
2. *Seigneur, pardonne-moi d'avoir choisi le confort plutôt que l'obéissance, au nom de Jésus.*
3. *Saint-Esprit, donne-moi le courage d'avancer avec foi, au nom de Jésus.*
4. *Père, fortifie-moi afin qu'au-delà de la familiarité, que j'aie foi en toi, au nom de Jésus.*
5. *Père, alors que je sors de ma zone de confort par obéissance et foi, établis-moi dans un élargissement divin, au nom de Jésus.*

Dimanche 14 juin

LA FIDÉLITÉ DANS LES PETITES CHOSES

Lis : Luc 16:10-13

La Bible en 1 an : Exode 14:17
La Bible en 2 ans : Luc 13:14

« Celui qui est fidèle dans les petites choses est fidèle aussi dans les grandes, et celui qui est injuste dans les petites choses est injuste aussi dans les grandes. » (Luc 16:10)

Le principe de fidélité est le fondement caché de toute croissance durable. Nous rêvons souvent de « beaucoup » plus de responsabilités, plus d'influence et plus de ressources, mais Dieu éprouve notre disposition à « beaucoup » dans le domaine des « petites choses ». La manière dont tu gères une petite tâche est un indicateur prophétique de la manière dont tu gèrerais une mission importante. Si tu es négligent avec ton temps, tes finances ou tes relations maintenant, rien ne garantit que tu sois un meilleur intendant lorsque l'on t'en confiera davantage. La fidélité ne se mesure pas à l'ampleur de la tâche ; elle réside dans l'attitude du cœur.

Ce principe est la clé d'une croissance durable. Dieu ne recherche pas des personnes talentueuses et flamboyantes, mais des personnes fiables et constantes. En faisant preuve de fidélité dans les tâches quotidiennes et modestes, tu développes la force spirituelle nécessaire pour assumer les responsabilités de leadership et d'expansion. Jésus a souligné que notre attitude envers les plus démunis révèle notre véritable nature. Honores-tu tes engagements, même lorsque personne ne t'applaudit ? Es-tu un bon intendant des modestes dons que tu possèdes ?

Ne méprise pas tes débuts modestes. Le travail que tu accomplis en ce moment est une formation pour les missions plus importantes que Dieu a déjà préparées pour ton avenir. Si tu as l'impression que ta situation actuelle est en deçà de ton potentiel, change de perspective. Vois-la comme une épreuve. Désormais, donne le meilleur de toi-même dans tout ce que tu entreprends. Qu'il s'agisse de ranger un bureau, de rédiger un rapport ou de servir dans ton église, fais-le avec excellence. En faisant preuve de fidélité dans les petites choses, Dieu te confiera assurément bien plus. Tu n'attends pas une opportunité ; tu la crées par ton caractère.

Action : *identifie un petit aspect de ta vie ou de ton travail que tu as négligé ou traité avec insouciance. Prends dès aujourd'hui des mesures pour l'organiser et l'améliorer jusqu'à l'excellence.*

Prions

1. *Seigneur, aide-moi à être un fidèle intendant des petites choses que tu m'as confiées.*
2. *Éloigne de moi tout désir de « plus » qui me pousse à négliger mes tâches actuelles.*
3. *Transforme mon caractère, Seigneur, afin que ma vie reflète ta perfection en tout point.*
4. *Accorde-moi la discipline nécessaire pour persévérer, surtout en l'absence de témoins.*
5. *Prépare mon cœur, Seigneur, afin que je sois prêt à recevoir l'abondance que tu t'apprêtes à déverser.*

Lundi 15 juin **TIENS À TES PROMESSES**

Lis : 1 Samuel 1:19-28

La Bible en 1 an : Exode 18:20
La Bible en 2 ans : Luc 15:16

« Lorsque tu fais un vœu à Dieu, ne tarde pas à l'accomplir… accomplis ce que tu as promis » (Ecclésiaste 5:4)

Beaucoup font facilement des promesses, mais tardent à les tenir, voire ne les tiennent pas du tout. Nous promettons à Dieu fidélité dans la prière, dans le service et dans les dons. Nous promettons aux autres notre aide, notre soutien ou notre engagement. Pourtant, lorsque le prix à payer devient trop élevé, nous nous dérobons. Or, Dieu appelle cela de l'infidélité. *« Ce qu'on demande d'un intendant, c'est qu'il soit digne de confiance » (1 Corinthiens 4:2 NBS).*

Imagine si Dieu cessait de tenir ses promesses. Le soleil ne se lèverait plus. Le salut ne serait plus assuré. L'espoir s'effondrerait. Dieu est fidèle et il attend de ses enfants qu'ils reflètent son caractère.

Anne nous enseigne la véritable fidélité. Dans sa douleur, elle fit ce vœu au Seigneur : *« si tu te souviens de ta servante… et que tu donnes à ta servante un enfant mâle, je le donnerai à l'Éternel » (1 Samuel 1:11 Darby)*. Dieu l'exauça. Mais l'épreuve commençait alors. Après des années d'attente, elle serra enfin Samuel dans ses bras. Toute mère comprend ce lien. Pourtant, lorsqu'il fut sevré, Anne l'emmena au temple et le confia à Éli (v. 27-28). Elle tint parole.

Combien en auraient fait autant ? Il est facile de

promettre dans le désespoir, mais difficile de les tenir une fois que sont arrivées les bénédictions. Pourtant, l'obéissance attire une plus grande faveur. Après avoir honoré son vœu, l'Éternel visita Anne « … et elle enfanta trois fils et deux filles » (1 Samuel 2:21). En tenant à sa promesse, elle ouvrit la voie à d'autres enfants.

D'autres firent de même : Abraham offrit Isaac, et Dieu pourvus (Genèse 22:1-12). Le danger de rompre ses vœux est grave : « *Mieux vaut pour toi ne point faire de vœu, que d'en faire un et de ne pas l'accomplir.* » *(Ecclésiaste 5:5).*

La fidélité accroît la confiance vis-à-vis de Dieu et des autres. Si tu manques à tes promesses, même tes enfants auront du mal à te faire confiance. Tiens parole. Ton intégrité est ton témoignage.

Action : *repasse en vue une promesse que tu as reportée et prends une mesure concrète cette semaine pour la réaliser.*

Prions

1. *Père, pardonne-moi pour toutes mes promesses non tenues, au nom de Jésus.*
2. *Seigneur, rends-moi fidèle dans les petites choses comme dans les grandes, au nom de Jésus.*
3. *Saint-Esprit, donne-moi le courage d'honorer pleinement mes vœux, au nom de Jésus.*
4. *Père, aide-moi à refléter ta fidélité chaque jour, au nom de Jésus.*
5. *Seigneur, bénis mon obéissance et ouvre de nouvelles portes tandis que je tiens parole, au nom de Jésus.*

Prières prophétiques de la semaine

1. ***« Au lieu de la honte, tu auras une double gloire. » (Ésaïe 61:7).*** *Que toute honte dans ma vie soit remplacée par*

l'honneur et la restauration, au nom de Jésus.

2. ***« Tu as trouvé grâce auprès de Dieu. » (Luc 1:30)****.* *Que la grâce de Dieu m'entoure et m'ouvre des portes partout où je vais, au nom de Jésus.*
3. ***« Car Dieu ne nous a pas donné un esprit de crainte. » (2 Timothée 1:7)****.* *Que mon esprit retrouve la paix, la force et la sérénité, au nom de Jésus.*

Mardi 16 juin

COMMENT PARDONNER DE TOUT SON CŒUR

Lis : Matthieu 18:21-35

La Bible en 1 an : Exode 21:24
La Bible en 2 ans : Luc 17

« C'est ainsi que mon Père céleste vous traitera, si chacun de vous ne pardonne à son frère de tout son cœur » (Matthieu 28:35)

Le pardon n'est complet que lorsqu'il vient du cœur. Le mot grec pour cœur, *kardia*, désigne notre être intérieur : l'esprit, les émotions et la volonté. Pardonner de tout son cœur, c'est bien plus que prononcer des paroles polies ; c'est se libérer profondément du ressentiment et s'abandonner à la grâce de Dieu.

Jésus a donné ce commandement après la parabole du serviteur impitoyable. Ce serviteur s'était vu pardonner une grande dette, mais avait refusé de pardonner une petite dette. Son histoire nous rappelle que le pardon n'est pas facultatif ; c'est la réponse naturelle d'un cœur transformé par la miséricorde de Dieu.

Mais comment pardonner de tout son cœur ? Premièrement, reconnais honnêtement la blessure. Le déni maintient les plaies enfouies, mais Christ guérit ce que nous mettons en lumière. Deuxièmement, prie pour celui qui t'a offensé. Aussi difficile que cela puisse paraître, la prière adoucit nos cœurs et détourne notre attention de la douleur pour la porter sur la puissance de Dieu. Troisièmement, confie la dette à Dieu. Pardonner ne signifie pas excuser le péché, mais renoncer à la vengeance. Quatrièmement, choisis le pardon chaque jour. Les sentiments peuvent persister, mais le pardon est une décision que l'on réaffirme jusqu'à la guérison.

Action : *As-tu dit à quelqu'un que tu lui avais pardonné, alors que ton cœur est encore plein d'amertume ? Tourne-toi vers Dieu et applique les quatre étapes ci-dessus dans la prière.*

Prions

1. *Père, merci de me pardonner pleinement par Christ, au nom de Jésus.*
2. *Seigneur, aide-moi à pardonner chaque offense du plus profond de mon cœur, au nom de Jésus.*
3. *Père, guéris mes émotions et libère-moi de toute rancune cachée, au nom de Jésus.*
4. *Seigneur, accorde-moi la grâce de prier pour ceux qui m'ont blessé, au nom de Jésus.*
5. *Père, que le pardon coule à travers moi comme un témoignage de ta miséricorde, au nom de Jésus.*

Mercredi 17 juin

PARDONNER NE SIGNIFIE PAS OUBLIER

Lis : Ésaïe 43.25

La Bible en 1 an : Exode 25-27
La Bible en 2 ans : Luc 18

« C'est moi, c'est moi qui efface tes transgressions à cause de moi-même, et je ne me souviendrai plus de tes péchés » (Ésaïe 43 : 25 Darby)

Nombreux sont ceux qui ont du mal à pardonner, car ils confondent pardonner et oublier. Ils se disent : *« Si je pardonne, je dois effacer le souvenir »*. Mais le véritable pardon n'exige pas d'oublier, il exige de lâcher prise. Le mot hébreu traduit par « se souvenir » dans Ésaïe 43 : 25, *zakar*, ne signifie pas que Dieu n'a aucun souvenir du péché. Cela signifie qu'il choisit de ne pas en tenir compte. Pardonner, ce n'est pas effacer la mémoire, mais annuler une dette.

Dieu n'attend pas de nous que nous effacions nos souvenirs. Les évènements douloureux peuvent rester gravés dans notre mémoire pendant des années. Ce qu'il nous demande, c'est que lorsque ces souvenirs refont surface, que nous choisissions de ne pas nous y attarder avec amertume ni de les utiliser comme arme contre autrui. Pardonner, c'est refuser de laisser l'offense contrôler notre présent et notre avenir.

Le témoignage de Corrie ten Boom illustre cette vérité. Après avoir survécu dans un camp de concentration nazi, elle rencontra l'un des gardiens qui avaient maltraité des prisonniers. Il lui demanda pardon. Corrie admit qu'elle ne pouvait oublier la cruauté, mais par la grâce de Dieu, elle lui pardonna. Elle déclara plus tard : *« Le pardon est un acte de notre volonté, et la volonté peut agir peu importe la température du cœur »*. Choisir de pardonner ne signifie pas que l'offense n'était pas grave ni que la confiance est immédiatement rétablie. Cela signifie que l'on renonce à la vengeance et au ressentiment. Oublier est peut-être impossible, mais pardonner est toujours possible avec Christ.

Action : *Quelqu'un t'a-t-il blessé ? Va devant Dieu, pardonne et demande la guérison de ton cœur.*

Prions

1. *Père, merci de me pardonner et de ne pas me tenir rigueur de mes péchés, au nom de Jésus.*
2. *Seigneur, aide-moi à me libérer de toute offense, même si la douleur persiste, au nom de Jésus.*
3. *Père, guéris mon cœur de toutes les blessures causées par les offenses passées, au nom de Jésus.*
4. *Seigneur, accorde-moi la grâce de pardonner malgré la persistance des souvenirs, au nom de Jésus.*
5. *Père, que mon pardon témoigne de ton amour et de ta miséricorde, au nom de Jésus.*

Jeudi 18 juin

LE PARDON GUÉRIT LES FAMILLES

Lis : Colossiens 3:13

La Bible en 1 an : Exo. 28-31
La Bible en 2 ans : Luc 19

« Supportez-vous les uns les autres ; et si l'un de vous a une raison de se plaindre d'un autre, pardonnez-vous réciproquement, tout comme le Seigneur vous a pardonné » (Colossiens 3:13, Français courant).

Les blessures familiales sont souvent celles qui causent les entailles les plus profondes. Le mot grec pour « pardonner », *charizomai*, signifie « manifester la grâce » ou « pardonner librement ». Dans les familles, le pardon est essentiel pour guérir les blessures générationnelles, les incompréhensions et la confiance brisée. Sans le pardon, les petits conflits se transforment en années de silence, de division et d'amertume.

La Bible nous donne un puissant exemple dans l'histoire de Jacob et Ésaü. Après des années de déception et de trahison, Ésaü avait toutes les raisons de haïr son frère. Cependant, lorsqu'ils se retrouvèrent, au lieu de se venger, Ésaü embrassa Jacob avec des larmes de la réconciliation (Genèse 33:4). Le pardon guérit une famille brisée et restaura la paix.

Dans plusieurs foyers aujourd'hui, le manque de pardon détruit des mariages, divise des frères et sœurs et éloigne les parents de leurs enfants. L'ennemi prospère dans une telle division parce que là où il y a le conflit, il n'y a point de paix. Mais le pardon ferme la porte à l'ennemi et introduit la présence de Dieu qui guérit.

J'ai entendu parler un jour d'un père et son fils qui ne s'étaient pas adressé la parole pendant dix ans à cause des mésententes. Après avoir écouté une prédication sur le pardon, le père fit le premier pas. Il écrivit une lettre dans laquelle il demandait pardon à son fils ; et cette simple action effaça des années d'amertume.

Lorsque le pardon entre dans une famille, les murs tombent, la confiance est rebâtie et l'amour coule à nouveau. Les familles prospèrent non pas parce qu'elles sont parfaites, mais parce qu'elles pratiquent le pardon tous les jours.

Action : *consacre du temps cette semaine pour rechercher la sagesse de Dieu sur le moyen de traiter le manque de pardon dans ta famille.*

Prions

1. *Père, merci parce que tu m'as pardonné ainsi qu'à ma famille par Christ, au nom de Jésus.*
2. *Seigneur, guéris toute relation brisée dans ma famille, au nom de Jésus.*
3. *Père, donne-moi l'humilité et le courage de pardonner aux membres de ma famille, au nom de Jésus.*
4. *Seigneur, que le pardon restaure l'amour et l'unité dans ma maison, au nom de Jésus.*
5. *Père, fais de ma famille un témoignage de réconciliation et de guérison, au nom de Jésus.*

Lis : Apocalypse 3:14-22

La Bible en 1 an : Exo. 32-34
La Bible en 2 ans : Luc 20

« Si notre Évangile est encore voilé, il est voilé pour ceux qui périssent ; pour les incrédules dont le dieu de ce siècle a aveuglé l'intelligence, afin qu'ils ne vissent pas briller la splendeur de l'Évangile de la gloire de Christ, qui est l'image de Dieu » (2 Corinthiens 4:3-4)

L'aveuglement spirituel est la condition la plus dangereuse dans laquelle un être humain peut se trouver. L'aveuglement physique limite tes mouvements, mais l'aveuglement spirituel limite ta destinée. Il t'empêche de connaître le Dieu vivant et miséricordieux. Il te déconnecte du chemin que Dieu a tracé pour ta vie. Il te donne une image déformée de qui tu es et il jette un voile ténébreux sur ton esprit, t'empêchant de voir la gloire de Christ révélée par l'Évangile.

L'église de Laodicée est un bon exemple de ce qui se produit lorsque l'aveuglement spirituel entre dans les vies des croyants. En apparence, ils étaient riches, influents et fiers de leur succès. Ils vivaient dans une ville prospère, réputée pour ses banques, sa richesse textile et sa médecine ophtalmologique. Cependant, Jésus a dit qu'ils étaient malheureux, misérables, pauvres, aveugles et nus. Leur aveuglement leur faisait penser qu'ils étaient forts spirituellement alors qu'en réalité, ils étaient loin de la véritable lumière. Ils ne pouvaient voir leur besoin désespéré de Christ. Ils ne pouvaient reconnaître leur tiédeur. Ils ne pouvaient discerner leur pauvreté spirituelle. L'orgueil les rendait aveugles.

C'est le danger auquel plusieurs font face de nos jours. L'orgueil aveugle. Les préjugés aveugles. La recherche effrénée du pouvoir aveugle. Même les opinions des gens peuvent nous aveugler, nous empêchant de voir les richesses glorieuses que Christ a mises à notre disposition. L'ennemi œuvre sans relâche pour aveugler nos esprits afin que nous ne voyions pas clairement la beauté, la vérité et la puissance transformatrice de l'Évangile.

Nous avons besoin que nos yeux guérissent. Nous devons nous voir à la lumière de l'Évangile, avec humilité, simplicité, pureté et obéissance. Christ nous appelle à acheter de lui un « collyre », ce qui signifie que nous devons permettre au Saint-Esprit d'ouvrir notre intelligence, d'adoucir nos cœurs et d'ôter tout voile de nos esprits.

Et nous devons prêcher l'Évangile avec courage. Nous ne vaincrons l'aveuglement de cette époque qu'en faisant briller la lumière. Plus nous voyons Christ, plus nous pouvons le montrer aux autres avec clarté.

Action : *prie pour que le Saint-Esprit ôte tout voile de ton esprit et qu'il ouvre tes yeux pour voir Christ, les autres et toi avec clarté.*

Prions

1. *Père, merci d'avoir envoyé Jésus, la véritable lumière qui ouvre les yeux des aveugles, au nom de Jésus.*
2. *Seigneur, guéris tout domaine de ma vie où l'aveuglement spirituel a limité ma croissance, au nom de Jésus.*
3. *Père, délivre-moi de l'orgueil, des préjugés et de toute influence qui aveugle ma vision spirituelle, au nom de Jésus.*

4. *Seigneur, donne-moi une vision claire pour comprendre ta Parole, obéir à ta voix et marcher dans ta vérité chaque jour, au nom de Jésus.*
5. *Je déclare que tout voile sur ma vie se déchire et je marcherai dans la lumière de Christ avec clarté et puissance, au nom de Jésus.*

Samedi 20 juin

LA PUISSANCE DES FARDEAUX PARTAGÉS

Lis : Jacques 5:13-20

La Bible en 1 an : Exo. 35-37
La Bible en 2 ans : Luc 21

« Confessez donc vos péchés les uns aux autres, et priez les uns pour les autres, afin que vous soyez guéris. La prière fervente du juste a une grande efficacité » (Jacques 5:16).

L'église est souvent perçue à tort comme un ensemble d'individus isolés qui adorent au même endroit. En réalité, il s'agit d'une famille vivante et dynamique, un corps uni par l'Esprit de Dieu. Jacques 5:16 souligne un aspect vital de la vie de cette famille : la puissance de porter les fardeaux de l'un et de l'autre à travers la prière d'intercession. Lorsque nous confessons nos épreuves et que nous les élevons en priant ensemble, nous créons une chaîne pour la guérison et la restauration divines. La « prière efficace et fervente » évoquée par Jacques n'est pas un souhait vague ; il s'agit d'un alignement intense et intentionnel de nos cœurs à la volonté de Dieu, ce qui libère sa puissance dans les vies des autres.

Les membres de l'Église primitive comprenaient qu'ils étaient mieux ensemble. Dans Actes 12:5-7, lorsque Pierre fut emprisonné et confronté à une mort certaine, l'église ne se contenta pas simplement de lui envoyer une lettre d'encouragement ; elle pria « ardemment » pour lui. Cette prière collective et fervente bougea le ciel et Dieu dépêcha un ange pour ouvrir les portes de la prison. Tel est le modèle de notre intercession aujourd'hui. Lorsque nous choisissons de nous tenir en faveur de quelqu'un d'autre, nous ne faisons pas que l'aider ; nous invitons l'intervention divine dans sa situation impossible. Nos fardeaux partagés agissent tel un pont qui permet à la puissance miraculeuse de Dieu de traverser et agir dans les vies des personnes éprouvées.

Pour qui pries-tu aujourd'hui ? Il est facile d'être consumé par nos propres combats au point d'oublier la responsabilité que nous avons envers nos frères et sœurs. Si tu es éprouvé, ne souffre pas en silence ; trouve un ami pieux et partage ton fardeau. Si tu es fort, cherche une personne fatiguée et propose-lui de te tenir avec elle dans la prière. Nous ne sommes pas conçus pour porter seuls le poids de nos épreuves. Aujourd'hui, prends l'engagement d'être un intercesseur. Lorsque le corps de Christ prie dans l'unité, aucune barrière ne peut rester fermée et aucune blessure ne peut échapper à sa puissance de guérison.

Action : *choisis aujourd'hui une personne pour qui tu intercèderas de manière intentionnelle ; appelle-la ou envoie-lui un message pour qu'elle sache que tu élèves son fardeau spécifique à Dieu.*

Prions

1. *Seigneur, enseigne-moi à porter fidèlement le fardeau des membres de mon église.*
2. *Seigneur, guéris ceux qui sont blessés, brisés ou découragés parmi nous.*
3. *Fortifie notre église dans l'unité véritable et l'amour sacrificiel.*
4. *Que notre prière fervente et collective libère ta puissance dans notre communauté.*
5. *Fais de moi un intercesseur qui se tient pour les besoins des autres chaque jour.*

Dimanche 21 juin **DES LARMES AU TRIOMPHE**

Lis : Psaume 126:1-6

La Bible en 1 an : Exo. 38-40
La Bible en 2 ans : Luc 22

« Qui s'en va en pleurant pour porter sa semence revient rempli de joie, sous le poids de ses gerbes » (Psaume 126:6 BDS).

Psaume 126 est un chant de restauration, qui célèbre la manière dont Dieu a sorti Israël de la captivité et leurs cœurs étaient remplis de rire. Cependant, il révèle également une loi spirituelle profonde : les récoltes les plus importantes commencent fréquemment par des semences en larmes. L'accent ici n'est pas mis sur le talent ou la compétence du semeur, mais sur sa fidélité à continuer à semer même lorsque le sol est dur. Le mot hébreu pour « s'en va » (*halak*) implique un mouvement continu, intentionnel. Il suggère que Dieu accorde plus de valeur au temps que tu investis dans sa présence, même lorsque ce temps semble être coûteux ou douloureux, qu'à toute démonstration extérieure de compétence.

Ta plus grande offrande à Dieu n'est pas ta compétence, mais ta disponibilité. Nous mesurons fréquemment notre valeur à ce que nous pouvons « faire » pour le royaume, cependant Dieu regarde au « mouvement intentionnel » d'un cœur qui refuse de cesser de le chercher. Chaque minute passée dans la prière et chaque larme versée dans l'adoration sont une semence plantée dans l'éternité. Dieu est passé maître dans l'art de transformer les temps passés avec lui, dans nos moments de faiblesse, en récolte surnaturelle de joie.

Considère l'exemple biblique d'Anne. Elle n'avait ni titre impressionnant ni plateforme publique ; elle donna simplement son temps à Dieu, dans une prière persévérante et larmoyante au temple. Elle déversa son âme dans une saison de profonde détresse et Dieu vit ces larmes comme des semences. Il transforma ses pleurs secrets en témoignage public lorsque son fils, Samuel naquit. Es-tu le genre de croyant qui cesse de semer parce que la saison est difficile ? Souviens-toi que tes larmes dans la prière ne sont jamais vaines ; elles sont les investissements qui produisent tes futurs chants de joie. Les larmes sont des semences pour la restauration !

Déclaration prophétique : *je déclare que mes larmes sont des semences, le temps que je passe avec Dieu est un trésor et ma récolte sera la joie ! Pendant que je lui consacre mon temps, il transforme mon deuil en danse !*

Prions

1. *Père, enseigne-moi à valoriser mon moment de qualité que je passe avec toi plutôt qu'un talent public.*
2. *Seigneur, accorde-moi la grâce de semer fidèlement dans la prière, même lorsque j'ai l'impression de semer dans les larmes.*
3. *Ô Seigneur, que ma joie soit enracinée dans ta présence plutôt que dans ma propre performance.*
4. *Saint-Esprit, transforme mes saisons actuelles de larmes en témoignage de rire.*
5. *Père, fais de ma vie entière, une offrande continue de temps passé à tes pieds*

Lundi 22 juin **LA RAISON DE TON DÉCOURAGEMENT**

Lis : Nombres 21:4-5

La Bible en 1 an : Jac. 1-2
La Bible en 2 ans : Luc 23

« C'est pourquoi nous ne perdons pas courage. Et lors même que notre homme extérieur se détruit, notre homme intérieur se renouvelle de jour en jour » (2 Corinthiens 4:16).

Le découragement ne signifie pas que tu manques de foi ; cela signifie que tu es humain. Même en tant que croyant, ton cœur peut s'alourdir lorsque la pression dure plus longtemps que prévu. L'« *âme* » d'Israël « *se découragea en chemin* » parce que le voyage semblait interminable. Tu vis la même chose lorsque les difficultés remplissent ton champ de vision. Les factures s'accumulent, les prières semblent rester sans réponse, la force te quitte et très vite, ton attention se détourne de qui Dieu est et se focalise sur la dureté de la vie. Lorsque tu regardes trop longtemps la difficulté, ton espérance commence à s'éteindre.

Une autre raison pour laquelle tu te décourages est la comparaison. Tu regardes aux autres et tu te demandes pourquoi leurs prières semblent être exaucées plus rapidement, leur évolution semble plus aisée, leur appel paraît plus clair ou pourquoi ils semblent plus bénis que toi. La comparaison te murmure que tu es en retard ou que tu échoues. Mais Dieu ne t'a jamais demandé de courir la course de quelqu'un d'autre. Comme Élie, tu peux te sentir isolé et abattu, même après des moments de victoire, simplement parce que tu oublies que tu n'es pas seul et que Dieu œuvre au-delà de ce que tu vois.

Tu deviens également découragé lorsque tu oublies ce que Dieu a déjà fait. Psaume 103:2 t'exhorte à ne pas oublier ses bienfaits, parce que l'oubli affaiblit ton courage. Le découragement vient souvent de l'amnésie spirituelle, l'oubli. Le mot « décourager » renvoie à l'idée d'être brisé intérieurement ou de perdre courage ; une lassitude qui absorbe le courage de l'intérieur. Lorsque les délivrances du passé s'effacent de ta mémoire, les défis d'aujourd'hui semblent plus lourds qu'ils ne le sont réellement.

Pense à un moment où Dieu t'a soutenu à travers une situation que tu pensais insurmontable. Aujourd'hui, tu es toujours debout. Ce même Dieu n'a pas changé. Ce qu'il a fait par le passé, il le fera encore.

Action : *aujourd'hui, souviens-toi volontairement, recentre-toi et fais confiance à Dieu concernant ce à quoi tu es confronté maintenant.*

Prions

1. *Père, merci pour ta fidélité passée et pour chaque victoire que tu m'as donnée.*
2. *Ô Seigneur, aide-moi à me focaliser sur toi plutôt que sur mes épreuves, au nom de Jésus.*
3. *Libère mon cœur de la comparaison et aide-moi à courir ma propre course, au nom de Jésus.*
4. *Père, rappelle-moi chaque jour ce que tu as déjà fait pour moi, au nom de Jésus.*
5. *J'ordonne à toute voix d'anxiété dans mon âme de se taire par le sang de Jésus, au nom de Jésus.*

Prières prophétiques de la semaine

1. ***« Ceux qui sèment avec larmes moissonneront avec chants d'allégresse. » (Psaume 126:5).*** *Je ne manquerai pas ma récolte cette saison, au nom de Jésus.*
2. ***« Les démons mêmes nous sont soumis en ton nom » (Luc 10:17).*** *Mon autorité spirituelle s'accroît et toute force démoniaque fuit, au nom de Jésus.*
3. ***« Je vous remplacerai les années. » (Joël 2:25).*** *Toute saison gaspillée de ma vie est rachetée par la puissance de Dieu, au nom de Jésus.*

Jeudi 23 juin

LE DANGER DE L'ENGAGEMENT TIÈDE

Lis : Jérémie 29:11-14 ;
Apocalypse 3:15-16

La Bible en 1 an : Jac. 3-5
La Bible en 2 ans : Luc 24

« Vous me chercherez, et vous me trouverez, si vous me cherchez de tout votre cœur » (Jérémie 29:13)

La promesse de trouver Dieu n'est pas faite à l'observateur occasionnel, mais à celui qui cherche de tout son cœur. Au temps de Jérémie, les israélites étaient en exil, entourés des distractions de Babylone. Le message de Dieu était clair : la restauration commence avec le cœur. Le mot grec pour « chercher » dans ce passage implique une quête profonde et intentionnelle, tel un homme qui cherche un trésor caché. Plusieurs se plaignent aujourd'hui qu'ils ne parviennent pas à « ressentir » Dieu ou à écouter sa voix, cependant ils ne lui offrent que les restes de leur journée et les miettes de leur attention.

Le manque d'enthousiasme est une maladie qui crée une barrière entre nous et la manifestation de la présence de Dieu. Dans Apocalypse, Jésus met l'église de Laodicée en garde contre la « tiédeur ». Un cœur tiède veut les avantages du royaume sans le sacrifice du roi ; c'est un cœur divisé entre les désirs du monde et les exigences de la sainteté. Lorsque nous cherchons Dieu avec un cœur partagé, notre fréquence spirituelle est brouillée par des intérêts contradictoires. L'histoire biblique montre que ceux qui faisaient agir la main de Dieu comme Daniel ou Élie étaient des personnes « engagées à fond ».

Pose-toi la question : cherches-tu Dieu de tout ton cœur ou alors tu ne fais que « cocher une case » ? Es-tu le genre de croyant qui s'étonne de ce que ta vie spirituelle semble stagnante alors que tu passes des heures à te divertir et juste quelques minutes dans la Parole ? L'abandon total est le prix de la découverte totale. Chercher de « tout son cœur » implique d'avoir une sainte soif qui refuse de se satisfaire de la routine religieuse. Lorsque Dieu voit un cœur totalement tourné vers lui, il se révèle d'une manière qui transforme la réalité. Aujourd'hui, quitte la foule des curieux pour intégrer le cercle restreint des engagés.

Déclaration prophétique : *je te cherche de tout mon cœur ! Je refuse d'être tiède ! Pendant que je cherche le Seigneur aujourd'hui, je le trouverai certainement !*

Prions

1. *Père, pardonne mon cœur partagé et ma quête distraite de toi.*
2. *Seigneur, allume un feu dans mon âme que les choses du monde ne peuvent éteindre.*
3. *Saint-Esprit, expose toute idole cachée qui cherche à captiver mon attention aujourd'hui.*
4. *Seigneur, que ma soif pour ta présence domine sur tout autre appétit.*
5. *Je reçois la grâce de passer d'une routine tiède à une quête ardente !*

Mercredi 24 juin **LEVER LES REGARDS AVEC FOI**

Lis : 1 Psaume 34:1-7

La Bible en 1 an : Gal. 1-3
La Bible en 2 ans : Jos. 1-2

« J'ai cherché l'Éternel, et il m'a répondu ; il m'a délivré de toutes mes frayeurs » (Psaume 34:4)

La foi n'est pas un état d'esprit passif ; elle est un regard actif et intentionnel tourné vers le caractère de Dieu. Le témoignage de David dans Psaume 34 révèle la puissance transformatrice de la « recherche du Seigneur ». Remarque que David ne chercha pas simplement une solution à son problème ; il chercha celui qui résout le problème. Lorsqu'il leva les regards, Dieu répondit et le résultat fut la délivrance totale de ses peurs. « Lever les regards » avec foi signifie déplacer volontairement notre dépendance des systèmes humains qui sont souvent fragiles et voués à l'échec, vers le trône immuable de l'intervention divine. Comme nous le rappelle Nombres 23:19 : « *Dieu n'est point un homme pour mentir, ni fils d'un homme pour se repentir.* » Sa parole est le seul fondement solide pour une âme fatiguée.

Lever les regards vers Dieu donne lieu à deux puissants résultats. Premièrement, nous recevons la lumière divine. Sa gloire commence à rayonner sur nous, transformant le paysage intérieur de nos cœurs même si nos circonstances extérieures demeurent éprouvantes. Comme Anne à Silo qui déversa son cœur malgré les moqueries de sa rivale, lever les regards transforme notre moment « Silo » en un lieu de rencontre divine. Deuxièmement, lorsque nous levons les regards vers lui, nous ne sommes jamais couverts de honte. Faire confiance à Dieu est un risque qui paie toujours parce que ses promesses sont « oui et amen » (2 Corinthiens 1:20). Lorsque nous démontrons notre dépendance à lui en mettant de côté tout « plan B », il se lève en notre faveur pour défendre notre cause.

As-tu un « plan B » sur lequel tu comptes plus que sur Dieu ? Souvent, nous prétendons faire confiance à Dieu, mais nos actions démontrent que nous nous accrochons encore aux solutions humaines au cas où il échouerait. Lever les regards vers Dieu requiert un abandon total de ces alternatives. Aujourd'hui, décide que ton regard ne s'appesantira pas sur tes limitations ou ne se dirigera pas à l'extérieur vers le chaos du monde, mais qu'il s'élèvera plutôt vers sa suffisance. Lorsque tu prouves ta dépendance absolue envers lui, tu crées l'atmosphère adéquate pour que sa puissance se manifeste dans ta vie.

Déclaration prophétique : *je déclare que pendant que je lève les regards vers Dieu avec foi, sa lumière brille sur moi et je ne serai jamais couvert de honte ! Ma confiance est placée dans le Seigneur et sa fidélité est mon bouclier.*

Prions

1. *Seigneur, enseigne-moi à lever les regards vers toi avec foi, surtout lorsque les circonstances me submergent.*
2. *Que ta lumière rayonne sur ma vie et dissipe le brouillard de ma confusion.*
3. *Délivre-moi de l'emprise de la peur et du poids paralysant de la honte.*
4. *Aide-moi à mettre de côté toutes mes options humaines secondaires et à compter uniquement sur toi.*

5. *Seigneur, accomplis les promesses spécifiques que tu as faites sur ma vie.*

Jeudi 25 juin

LES VISAGES RAYONNANTS DE LA FOI

Lis : Exode 34:29-35

La Bible en 1 an : Gal. 4-6
La Bible en 2 ans : Jos. 3-4

« Moïse descendit de la montagne de Sinaï, ayant les deux tables du témoignage dans sa main, en descendant de la montagne ; et il ne savait pas que la peau de son visage rayonnait, parce qu'il avait parlé avec l'Éternel » (Exode 34:29)

Le mot hébreu *nahar* qui signifie briller, illuminer ou rayonner de joie, révèle la transformation visible de ceux qui passent des moments de qualité dans la présence du Tout-Puissant. Lorsque Moïse descendit de la montagne, il ne réalisait pas que son visage reflétait un éclat céleste ; il avait tellement été immergé dans la gloire de Dieu que la rencontre avait laissé une marque physique sur lui. Ce rayonnement n'est jamais le fruit de nos propres efforts. Ce n'est pas le résultat de l'effort humain, de la personnalité ou d'une attitude bien forgée. C'est le reflet authentique et indéniable de la lumière de Dieu elle-même qui brille à travers la vie d'un croyant. Lorsque nous levons les regards avec foi et soif dans sa présence, nous sommes transformés de l'intérieur.

Ce rayonnement agit comme un signal spirituel pour le monde. Tout comme Moïse devait voiler son visage parce que le peuple ne pouvait supporter l'éclat ; ceux qui demeurent dans le lieu secret du Très-Haut portent une « gloire » que les autres peuvent percevoir, même s'ils ne peuvent pas l'expliquer. C'est une paix qui dépasse l'entendement et une joie qui défie les revers temporels. Lorsque la gloire de Dieu repose sur nous, le désespoir laisse naturellement la place à l'espoir et la peur est remplacée par un courage divin. C'est là la marque distincte du croyant rayonnant : une attitude qui ne reflète pas les ténèbres des circonstances du monde, mais l'éclat de la présence du roi.

Vis-tu d'une manière qui peut pousser les autres à dire que tu as été avec Jésus ? Souvent, nous sommes tellement occupés par le « voile » de nos responsabilités quotidiennes que nous ne passons pas assez de temps dans la lumière pour la laisser nous transformer. Le véritable rayonnement n'est pas un masque ; c'est le fruit d'une prière et d'une adoration profondes et sereines. Aujourd'hui, engage-toi à passer du temps dans sa présence jusqu'à ce que sa lumière commence à marquer ta vie. Laisse sa lumière apaiser ton cœur et sa joie illuminer ton regard. Lorsque tu portes le rayonnement de Dieu, tu deviens une invitation vivante pour que les autres cherchent la même source de joie.

Action : *consacre du temps aujourd'hui à l'adoration intentionnelle et à la prière silencieuse, demandant à Dieu d'illuminer ton visage de sa gloire pendant que tu demeures dans sa présence.*

Prions

1. *Seigneur, que la gloire de ta présence luise sur ma vie d'une manière indéniable.*
2. *Rends-moi rayonnant de ta paix, pour que les autres voient ta beauté en moi.*
3. *Délivre-moi des ténèbres des peurs cachées et des anxiétés qui ternissent ma lumière.*
4. *Remplis-moi d'une joie si profonde qu'elle déborde sur tous ceux que je rencontre.*

5. *Que ma vie et mon témoignage attirent les perdus à toi, la véritable lumière.*

Vendredi 26 juin

APPROFONDIR NOTRE ADORATION

Lis : 2 Pierre 1:1-8

La Bible en 1 an : Ésa. 1-3
La Bible en 2 ans : Jos. 5-6

« À cause de cela même, faites tous vos efforts pour joindre à votre foi la vertu, à la vertu la science, à la science la tempérance, à la tempérance la patience, à la patience la piété » (2 Pierre 1:5-6)

La croissance spirituelle n'est pas un processus passif ; c'est un engagement dévoué à devenir davantage comme Christ. Plusieurs croyants pensent à tort que l'adoration est réservée aux dimanches matins ou à des moments de musique spécifiques, mais Pierre révèle que l'adoration vise fondamentalement la transformation du caractère. Il nous rappelle que Dieu a déjà pourvu à tout ce dont nous avons besoin pour la vie et la piété par sa puissance divine. Notre responsabilité est de « faire tout notre possible » pour ajouter à notre foi des vertus spécifiques telles que la bonté, l'intelligence et la tempérance. La véritable adoration est le mode de vie qui s'installe lorsque nous coopérons avec le Saint-Esprit pour cultiver ces grâces en nous.

L'adoration qui ne conduit pas à la transformation n'est qu'une simple mise en scène. Pour être approfondi, nous devons agir au-delà des aspects superficiels de l'activité religieuse et faire face aux domaines de nos vies qui sont encore dirigés par le « contentement dangereux ». La complaisance est le plus grand ennemi de l'adoration. Lorsque nous cessons de désirer plus de Dieu, nous cessons de croître. Les premiers croyants dans Actes 2:42 se caractérisaient par leur dévotion à la Parole, à la prière et à la communion. Ils comprenaient que leur adoration n'était pas un évènement, mais un mode de vie. Leur dévotion était le nutriment qui soutenait leur croissance et il devrait en être de même pour nous aujourd'hui.

Te contentes-tu d'une vie spirituelle stagnante ou recherches-tu activement le « plus » que Dieu a promis ? La croissance dans l'adoration signifie que nous abandonnons constamment nos anciens schémas de péché à l'Esprit et nous invitons son caractère à les remplacer. C'est un processus qui dure toute la vie, nourri par la constance du recueillement dans la Parole et par une volonté d'être façonné par le Père. Aujourd'hui, identifie un aspect, qu'il s'agisse de la patience, de l'amour ou de l'obéissance, où tu t'es senti stagnant. Abandonne volontairement cet aspect à Dieu et demande-lui de l'utiliser comme un catalyseur pour une adoration approfondie dans ta vie.

Action : *identifie un aspect de ton caractère où tu sais que tu as besoin de la croissance et passe dix minutes dans la prière aujourd'hui demandant spécifiquement au Saint-Esprit de façonner cet aspect.*

Prions

1. *Seigneur, aide-moi à m'engager pleinement dans ma croissance spirituelle, rejetant toute forme de complaisance.*
2. *Enseigne-moi à ajouter activement la bonté, l'intelligence et l'amour à ma foi, jour après jour.*
3. *Délivre-moi du piège du contentement dangereux et ravive une soif nouvelle pour toi.*
4. *Nourris-moi chaque jour de ta Parole afin que je murisse dans ma marche.*

5. *Fais de mon adoration un reflet de la nature de Christ et pas seulement un chant que je chante.*

Samedi 27 juin **L'ADORATION QUI TRANSFORME**

Lis : Colossiens 3:12-17

La Bible en 1 an : Ésa. 4-6
La Bible en 2 ans : Jos. 7-8

« Que la Parole de Christ habite parmi vous abondamment ; instruisez-vous et exhortez-vous les uns les autres en toute sagesse, par des psaumes, par des hymnes, par des cantiques spirituels, chantant à Dieu dans vos cœurs sous l'inspiration de la grâce » (Colossiens 3:16).

L'adoration est le point de rencontre entre la vérité divine et l'expression humaine. Paul instruit les Colossiens à laisser la « Parole de Christ habiter parmi eux abondamment », indiquant que la profondeur de notre adoration dépend de la connaissance que nous avons des écritures. La musique est un connecteur merveilleux et puissant, mais la véritable adoration s'approfondit lorsqu'elle est ancrée dans la vérité, la prière et un cœur débordant d'action de grâce. Lorsque la Parole sature nos esprits, nos chants de louange cessent d'être de simples réactions émotionnelles et deviennent des déclarations profondes de qui Dieu est. C'est ainsi que l'adoration transforme à la fois l'adorateur et l'environnement.

Les obstacles tels que le confort, le refus de s'autoévaluer ou le manque d'une discipline spirituelle peuvent rapidement freiner notre croissance. Paul et Silas dans Actes 16:25 nous servent le meilleur exemple de l'adoration qui transforme. Emprisonnés, battus et liés dans les profondeurs d'un cachot, ils n'attendirent pas que leurs circonstances changent pour commencer à adorer. Ils choisirent d'adorer au milieu de leur crise. Dieu répondit par un tremblement de terre surnaturel qui brisa leurs chaînes et ouvrit les portes de la prison. Ceci démontre que l'adoration ne dépend pas du lieu où nous nous trouvons, mais de celui vers qui nous levons les regards.

Ton adoration est-elle conditionnée par tes circonstances ? Si tu n'adores Dieu que lorsque tout va bien, tu as besoin de découvrir la puissance transformatrice de l'adoration. Aujourd'hui, cesse d'évaluer ta vie sous le prisme de tes problèmes actuels et commence à les évaluer sous le prisme de la Parole de Dieu. Lorsque tu adores avec un cœur enraciné dans les écritures, tu ne fais pas que chanter ; tu transformes l'atmosphère autour de toi. Tu invites la puissance de Dieu à se manifester dans ta vie, malgré l'obscurité apparente de la « prison ».

Déclaration prophétique : *je déclare que mon adoration s'approfondit, qu'elle s'enracine dans la Parole, qu'elle déborde d'action de grâce et transforme ma vie ! Je n'adorerai pas comme ayant déjà atteint le but, mais avec un cœur qui soupire davantage après Dieu !*

Prions

1. *Seigneur, que ta Parole demeure abondamment en moi, nourrissant mon adoration de vérité et de profondeur.*
2. *Remplis mon cœur d'une gratitude si profonde que la louange devient mon langage naturel.*
3. *Aide-moi à vaincre tout obstacle à ma croissance spirituelle, surtout le contentement.*
4. *Enseigne-moi à t'adorer en esprit et en vérité, pas simplement avec mes lèvres, mais avec ma vie.*
5. *Que mon adoration apporte la transformation de ton royaume dans ma vie et dans ma communauté.*

Dimanche 28 juin

LES MIRACLES DANS L'ASSEMBLÉE

Lis : Actes 19:8-12

La Bible en 1 an : Ésa. 7-9
La Bible en 2 ans : Jos. 9 ; 10:1-20

« Et Dieu faisait des miracles extraordinaires par les mains de Paul, au point qu'on appliquait sur les malades des linges ou des mouchoirs qui avaient touché son corps, et les maladies les quittaient, et les esprits malins sortaient. » (Actes 19:11-12)

Dieu opère encore les miracles. Sa puissance surnaturelle n'est pas une relique réservée aux récits historiques ; elle est une évidence palpable de sa présence de nos jours. Le récit d'Actes 19 de Dieu faisant *« des miracles extraordinaires »* au travers de Paul révèle que lorsqu'un croyant s'est complètement abandonné à la présence de Dieu et qu'il s'est laissé saturé par elle, le surnaturel devient un fait naturel. Les miracles sont des signaux qui révèlent la réalité du royaume. Ils apportent la restauration là où il y a la ruine, la faveur là où il y a le rejet et la percée là où il y a l'impasse. Les miracles nous rappellent que Dieu n'est pas limité par les lois de la science ni par ce que l'homme juge impossible.

Lorsqu'une église prie, le ciel répond. La fréquence des miracles dans nos vies est très souvent liée à l'ampleur de notre attente. Crois-tu que Dieu est le même hier, aujourd'hui et éternellement ? Lorsque nous nous approchons de Dieu avec un cœur d'adoration et un esprit de foi, il prend plaisir à déverser sa puissance pour glorifier son nom. Un miracle n'est pas seulement la solution à un problème ; c'est aussi la démonstration de la souveraineté de Dieu. C'est la preuve que Dieu est Seigneur sur toute maladie, sur toute tempête et sur toutes les ténèbres qui essaient de retenir captif son peuple.

Laisses-tu les circonstances définir ta vision de la puissance de Dieu ? Peut-être as-tu connu la déception et as-tu décidé de ne rien attendre du surnaturel, croyant que Dieu n'agit plus de façon extraordinaire ? Mets cette mentalité au défi aujourd'hui. Commence à prier afin que le surnaturel se manifeste dans ton quotidien. Soit pour guérir ton corps, soit pour une percée dans tes finances ou pour la restauration d'une relation brisée ; Dieu est impatient de démontrer sa puissance. Fais un pas de foi, arrête d'imposer des limiter au Saint d'Israël et regarde-le manifester sa gloire dans ta vie.

Déclaration prophétique : *je déclare que les miracles sont déversés dans ma vie, dans ma famille et dans mon église, aujourd'hui ! la restauration, la faveur et les percées se manifestent, au nom de Jésus.*

Prions

1. *Éternel, fais descendre ta puissance miraculeuse dans ma vie, dans ma famille et dans mon église.*
2. *Éternel, restaure tout ce qui a été brisé dans nos vies par l'ennemi.*
3. *Accorde-moi la percée et la faveur dont j'ai besoin pour ta gloire en cette saison.*
4. *Que le surnaturel devienne une expérience quotidienne dans ma marche avec toi.*
5. *Glorifie ton nom Éternel, au travers des signes et des prodiges qui attireront les autres à la vérité.*

Lundi 29 Juin

LA CLARTÉ DE L'ORIENTATION DIVINE

Lis : Proverbes 3:5–10

La Bible en 1 an : Ésa. 10-12
La Bible en 2 ans : Jos. 10:21-43 ; 11

« Confie-toi en l'Éternel de tout ton cœur, et ne t'appuie pas sur ta sagesse ; reconnais-le dans toutes tes voies, et il aplanira tes sentiers. » (Proverbes 3:5-6)

La clarté est une devise du Royaume. Pendant les saisons d'élargissement et de percée, nous sommes parfois tentés d'aller plus vite que Dieu, en nous appuyant sur notre « propre sagesse » pour planifier l'avenir. Toutefois, Proverbes 3:5-6 nous donne un principe fondamental pour l'avancée d'un croyant : la confiance totale. Lorsque nous dépendons de notre propre sagesse, nous sommes limités par nos expériences passées et nos attentes limitées. Par contre, lorsque nous le reconnaissons dans toutes nos voies, nous puisons dans la sagesse infinie de celui qui connaît la fin dès le commencement. L'orientation divine ne fait pas que t'éviter de commettre des erreurs, elle t'aide également à atteindre les cibles que Dieu a fixées pour ta vie.

La promesse inhérente est suffisamment claire : *il aplanira tes sentiers*. En d'autres termes, Dieu est activement impliqué dans la logistique de ton voyage. Il n'est pas un spectateur silencieux ; il est le berger qui t'oriente. Plusieurs des frustrations que nous expérimentons dans nos carrières, dans nos ministères ou dans nos relations sont la conséquence directe du fait que nous avons décidé d'avancer avant qu'il ne nous ait explicitement donné l'orientation à suivre. En le reconnaissant ; en l'incluant dans le processus de prise de décision avant de passer à l'action ; nous abandonnons notre droit d'avoir « raison » et nous ouvrons la porte à sa stratégie parfaite. Cette posture d'humilité est un prérequis pour la vitesse divine et pour une pleine expansion.

Comment procèdes-tu avant de prendre des décisions importantes ? Pries-tu *après* avoir décidé ou recherches-tu sa sagesse *avant* de faire tes plans ? Reconnaître Dieu revient à faire de lui ton premier consultant. Lorsque tu as confiance en lui de tout ton cœur, tu es soulagé de ce besoin de devoir trouver une solution à tout. Aujourd'hui, arrête d'analyser ta situation sous tous les angles. Fais part de tes choix à l'Éternel et demande-lui son avis ; sois disposé à changer de direction si telle est sa recommandation. Lorsque tu conformes tes voies aux siennes, tu verras les portes s'ouvrir sans difficulté et tu arriveras à destination avec beaucoup plus de clarté.

Déclaration prophétique : *je déclare que mes pas sont ordonnés par le Seigneur ! Je ne m'appuie pas sur ma propre sagesse ; je lui fais totalement confiance et il me conduit dans le bonheur qu'il a prévu pour moi !*

Prions

1. *Père, j'abandonne ma sagesse et je dépends totalement de ta sagesse.*
2. *Aide-moi, à partir d'aujourd'hui, à te reconnaître dans chacune des décisions que je prends, qu'elle soit grande ou petite.*
3. *Dirige mes pas Éternel, et ferme toute porte qui ne fait pas partie de ton plan parfait.*

4. *Délivre-moi de l'orgueil de penser que je peux gérer cette saison sans toi.*
5. *Donne-moi un cœur sensible à ton orientation, quand elle vient comme un murmure ou par ta Parole.*

Prières prophétiques de la semaine

1. **« Écris la vision, grave-la » (Habacuc 2:2 NBS).** *Ma vision est claire et je suis avec assurance l'orientation divine, au nom de Jésus.*
2. **« Et tu me donnes la force du buffle ; je suis arrosé avec une huile fraîche. » (Psaumes 92:10).** *L'huile fraîche et la force reposent sur ma vie tous les jours, au nom de Jésus.*
3. **« Tu te répandras à droite et à gauche » (Ésaïe 54:3).** *Ma vie connaît l'élargissement divin et la croissance, au nom de Jésus.*

Mardi 30 juin **LE REPOS DIVIN**

Lis : Exode 33:12-16

La Bible en 1 an : Ésa. 13-15
La Bible en 2 ans : Rattrape ton retard

« L'Éternel répondit : je marcherai moi-même avec toi, et je te donnerai du repos. » (Exode 33:14)

Au milieu du désert, lorsque le fardeau de diriger une nation semblait insurmontable, Moïse a cherché une promesse qui garantissait plus qu'une simple victoire logistique. Il a demandé l'assurance de la présence de Dieu. La réponse de l'Éternel ; que sa présence irait avec Moïse pour lui apporter du « repos » ; est une grande révélation de la façon dont nous devons exécuter nos missions. Le véritable repos n'est pas la cessation de toute activité ; c'est l'assurance d'un partenariat avec Dieu. C'est la paix qui provient de l'assurance que celui qui t'a appelé est celui qui marche avec toi dans toutes les étapes de l'expansion. En l'absence de sa présence, l'effort fourni pour « étendre » nos limites n'est rien d'autre qu'une poursuite de l'ambition humaine.

Le repos que Dieu offre est une forteresse spirituelle. Il nous permet de travailler avec vigueur et passion et de rester stoïques face aux tempêtes qui se lèveront inévitablement à mesure que nous avançons vers de nouveaux territoires. Lorsque nous marchons dans le repos divin, nous ne sommes pas conduits par la peur ou la pression ; nous sommes conduits par l'assurance de son orientation. Pense à la paix qui a porté Jésus dans la barque pendant la tempête. Il pouvait se reposer parce qu'il savait que les voies de son Père étaient plus grandes que les vagues. Voilà la qualité de repos qui est mis à la disposition de chaque croyant qui donne la priorité à la présence de Dieu plutôt qu'à ses propres projets.

Es-tu épuisé par la « charge » de tes responsabilités actuelles ? Tu travailles peut-être très dur, mais tu perds l'essentiel parce que tu as laissé la présence de Dieu derrière toi. Fais une pause aujourd'hui et remets de l'ordre dans ta vie. Arrête de demander plus de ressources, plus de temps ou plus de reconnaissance et commence à demander une plus grande sensibilité à sa présence. Lorsque Dieu avance avec toi, ta tâche est allégée et tes stratégies sont enfantées dans le surnaturel. Le repos divin aiguisera ta vivacité, renouvellera ta force et te garantira une expansion durable. Tu n'es pas destiné à porter le poids de ta destinée tout seul ; tu es appelé à le porter dans le confort de sa compagnie.

***Action** : aujourd'hui, fais une prière simple avant de commencer chaque tâche : « Éternel, je ne le fais pas seul ; viens avec moi ». Observe comment ton niveau de paix s'accroît pendant que tu entretiens cette présence d'esprit.*

Prions

1. *Eternel, je déclare que j'accorde plus de valeur à ta présence qu'à toute tâche ou objectif cette saison.*
2. *Accorde-moi ton repos divin afin que je puisse travailler sans le fardeau de l'anxiété.*
3. *Enseigne-moi à marcher en phase avec ton Esprit sachant que tu diriges chacun de mes pas.*
4. *Seigneur, délivre-moi du piège de travailler par ma propre force.*
5. *Que mon travail soit un reflet de mon repos en toi ; qu'il produise des fruits qui perdurent.*

L'UTILITE DE VOTRE SOUTIEN

Il est très clair, suite aux nombreux miracles, aux multiples percées et aux transformations des vies, que Dieu a choisi de se servir de ce ministère pour stimuler le réveil parmi Son peuple au Cameroun et au-delà. J'ai reçu l'appel seul, mais je ne peux pas l'exécuter tout seul. Vous avez un rôle unique à jouer dans la réalisation de ce projet divin. Joignez-vous à nous pendant que nous propageons l'évangile dans chaque coin du Cameroun, et au-delà de ses frontières.

Nous voulons commencer à placer des exemplaires de ce livre dans les hôtels, les hôpitaux, les écoles et les maisons, pour toucher les vies des gens avec l'évangile de Jésus-Christ. Tout comme vous avez été béni par ce livre, eux également seront grandement bénis.

TÉMOIGNAGE

Chaque mois, des centaines d'exemplaires de ce guide de prière quotidienne sont distribuées gratuitement grâce au geste de générosité de nos partenaires. Que Dieu bénisse chacun d'entre vous qui a sponsorisé fidèlement cette œuvre par sa semence financière.

Vous également vous pouvez sponsoriser 10, 25, 50, 100 ou plus d'exemplaires de ce livre pour qu'ils soient imprimés et distribués gratuitement à tous ceux qui ont faim de la Parole. Appelez au numéro (237) 699.90.26.18 ou au 674.49.58.95, ou envoyez un email à :
voiceofrevivalcameroon@yahoo.com.

Si vous voulez devenir un distributeur de notre littérature, contactez-nous directement et nous vous donnerons des directives quant au processus à suivre.

OÙ ACHETER CE GUIDE DE PRIÈRE

Centres RCR

- **Yaoundé:** ***Siège Tempête de prière*** **:** 1er étage du bâtiment à étages, Entrée Lycée de Tsinga, village, en bordure de la route principale. **Contacts :** 681.72.24.04/ 695.72.23.40
- **Bamenda:** Revival Christian Book Center, **Cow Street**: 675.14.04.50/ 694.20.04.51
- **Douala/PK 8:** All American Depot en face Lycée **Cité des Palmiers**: 678.04.11.41/ 696.90.76.09/ 670.34.42.32

Adamaoua

- **Meinganga:** MPE: 699.65.02.67/ 670.00.70.24/ 696.13.79.81/ 699.26.14.95
- **N'Gaoundéré:** EEC Mont des Oliviers: 674.14.20.51, EEL: 690.06.37.14
- **Tibati:** EEC: 681.01.33.34

Centre

- **Bafia:** MPE: 675.21.92.95/ 695.54.96.14
- **Eseka:** MPE: 675.07.56.24
- **Mbalmayo:** EEC: 675.12.86.85/
- **Mfou:** MPE: 677.36.43.28
- **Monatélé:** MPE: 677.58.42.99
- **Obala:** Kana Computer Sces en face Palace: 676.00.26.27
- **Yaoundé:** EEC **Biyem-assi**: 675.61.86.00/ 677.49.95.83/ 691.26.18.08, EEC **Nlongkak**: 677.56.41.09, EEC **Nouvelle Alliance**: 670.80.56.93, MPE **Biyem-assi**: 675.14.72.70, MPE **Etoug-Ebé**: 671.47.75.78/ 673.50.42.33,Galaxy Computers, Châteaux **Ngoa-Ekelle**: 670.52.75.26
- **Yaoundé: Librairie Chrétienne** Les Champions en face Total Caveau, **Mvog-Ada**: 675.51.02.86, **LC Maison de la Grâce**, Montée Jouvence en face Olympia: 675.38.46.96, **LC Maison de la Bénédiction**, Marché Nsam: 691.64.47.84,

LC la Rhema, Marché Essos, Terminus: 679.39.37.42, **LC Maison du Salut**, Pharmacie du Soleil, Carrefour MEEC: 674.85.16.33/ 699.33.85.11, **LC Livre de Vie**, Mini ferme: 675.00.45.60, **LC Bethesda**, Tsinga: 679.97.06.26, **Overcomers Christian Bookshop**, en face Djongolo Hospital, Etoa Meki: 677.164.620, **Mount Zion Christian Bookshop**, en face Sonel TKC: 663.258.623 / 675.219.435

- **Yaoundé: Tongolo**: 675.62.86.00, **Olembe**: 651.63.52.34, **DGI-Carrefour Abbia** 652.22.22.49, **Messassi**: 675.24.70.73, **Nkozoa**: 670.29.50.18, **Essos**: 677.53.94.52, **Odzja**: 672.34.34.68/ 679.97.47.08, **Etoug-Ebé**: 675.37.18.11, **Mimboman**: 699.90.52.84, **Poste Centrale**: 650.70.08.07, **Emombo**: 699.90.52.84, **Lycée Emana**: 677.86.23.14

Est

- **Batouri:** MPE: 664.86.41.80
- **Bertoua:** CBC, **quartier Ngaikada** ou **Aprilé centrale** sous-préfecture: 675.00.64.64, Collège Bilingue de l'Orient, entrée Hôpital Régionale, **quartier Italy**: 670.56.81.49, MPE, **Nkolbikon**: 696.57.95.43, 677.65.46.76, MPE, **Tigaza**: 674.15.13.18
- **Yokadouma:** MPE: 673.16.24.95/ 696.51.73.70

Extrême-Nord

- **Maroua:** AMI **Ouro-tchaedie**: 694.43.33.63, MPE de **Harde**: 675.33.12.27, Église Catholique Romaine: 673.15.19.76
- **Yagoua :** MPE: 675.691.869

Littoral

- **Douala: MPE** Nouvelle Deido: 677.79.26.96,**Dakar:** La Gloire Phone, immeuble X Tigi, Commissariat 11e: 697.60.57.85, **Kotto:** Derrière la station Neptune, **Bloc M**:

677.68.18.52, **Bonaberi**: 677.89.87.46, **Akwa**: 672.89.78.25/ 691.04.14.59/ 677.85.46.69/ 677.91.29.45, **Longpom**: 677.68.18.52/ 651.78.57.30, **Bepanda**: 677.42.75.24, Carrefour Lycée de **Maképé**: 698.09.42.63, **PK12**: 677.91.29.45/ 696.13.99.26, **Texaco-Nkololuon**: 675.18.79.85/ 691.04.14.59, La Gloire Phone, maison X.Tigi, **Carrefour entrée Bille**: 678.19.90.85, **Poste Ndokoti**: 677.94.52.42 / 691.04.14.59, **Pk21**: 670.79.05.40/ 691.04.14.59, **Bonanjo**: 691.04.14.59, **Marché centrale**: 675.01.07.63/ 691.04.14.59, **Akwa Union Bank**: 652.03.00.86, **Ange-Raphael ESSEC**: 694.26.12.28/ 677.91.29.45, **Bonamoussadi Maetur**: 694.26.12.28 /677.91.29.45, **Village**: 670.79.05.40/ 691.04.14.5, **Sure Foundation Rondpoint Deido:** en face Total Bonantone: 671.577.300, **Sure Foundation Bonabéri:** Ancienne route en face Lycée de Bonaberi Chapelle des Vainqueurs: 652.541.464, **Wisdom Christian Bookshop Béssengué:** en face Majesty Pressing, Cinéma Éden: 677.853.842, **Wisdom Christian Bookshop Bonabéri:** Ancienne route entrée EEC Paroise de Besseke, **Radio Vie Nouvelle:** Stade SICAM Ange-Raphael: 672.457.224

- **Nkongsamba:** MPE: 676.40.90.55
- **Melong - GCEPAL:** Tél: 677.80.16.45

Nord

- **Garoua:** MPE: 677.35.62.73/ 694.77.94.78

Nord-Ouest

- **Bamenda:** Bamenda Main Market, **Boutique 15**: 679.451.188, Caisse populaire Carmel (CarCCUL), **Sonac Street**: 651.04.21.27, MPE Bureau régional du NO1, en face Garanti Express: 679.46.63.31, MPE, **Cow Street**: 677.21.97.22, MPE, **Mbomassa**: 683.40.40.88, Omega Fire Ministry, **Foncha junction**: 677.93.19.98, Siège ACADI,

Wakiki junction: 673.51.19.53, SUMAN Christian Book Center, **Sonac Street**: 675.72.91.32/ 665.49.98.48, Victory Computers, Food Market, **Fishpond Hill**: 677.64.19.54, Femmes pleureuses: 696.00.35.07/ 674.57.36.76

- **Batibo:** MPE: 677.31.25.45
- **Mbingo/Njinikom:** BERUDA: 677.60.14.07
- **Jakiri:** MPE, **Nkar**: 677.73.82.91
- **Kumbo:** MPE: 675.72.91.32
- **Mbengwi:** MPE: 677.33.73.86
- **Ndop:** Bruno Bijouterie, gars centrale: 674.97.59.34
- **Wum:** MPE Central ville: 677.64.32.56, Eglise Presbytérienne de Kesu: 677.13.83.51

Ouest

- **Bafang:** MPE: 678.229.966
- **Bafoussam:** Alliance biblique du Cameroun, **Tamdja** derrière SOREPCO: 699.74.79.10, Radio Bonne Nouvelle: 699.93.09.32, LC du **Camp** oignon: 699.51.47.25, LC PAROLE DE VIE, **gare routière de** Ndiangdam: 699.75.50.99, Dépôt RAYON AMBIANCE **marché A**: 699.42.78.47, EEC **Tamdja**: 696.14.90.16, EEC **Kamkop**: 699.44.03.59, EEC **Plateau**: 696.17.54.23, EEC **Toket**: 695.56.43.61, EEC **SOCADA**: 697.85.65.65, EEC **Tyo-Baleng**: 670.89.70.52, EEC **Kouogouo**: 675.42.27.86, EEC **Diangdam**: 698.35.20.37, MPE **Kamkop**: 653.83.11.80, Faith Bible Church: 683.94.01.21
- **Baham :** MPE : 677.47.55.79
- **Bandjoun :** MPE : 676.41.49.09
- **Bangangte :** Eglise Evangélique du Cameroun **Banekane**: 677.86.47.68
- **Banyo :** MPE : 677.92.05.98 / 674.64.71.31
- **Dschang :** MPE : 675.18.79.85 / 656.20.07.02, MPE **Minmeto**: 681.08.78.37 / 655.01.81.09

- **Foumban :** Décoration Splendeur, **CAMOCO**/Tél. : 677.79.30.83/ 694.85.09.25
- **Kombou:** EEC: 675.81.36.07
- **Mbouda:** MPE: 696.10.41.33/ 676.36.18.11, Cyber Café Pressing à-côté d'Éspace Saint Pierre du Fossie, en face Maison du Partie: 675.00.91.15, EEC **Mbouda Centre**: 695.61.97.79

<u>Sud</u>

- **Ebolowa:** MPE: 677.66.00.19/ 671.90.97.22
- **Ebolowa:** 671.90.97.22
- **Kribi:** Carrefour Django: 675.957.912
- **Kye-Ossi:** MPE: 678.78.00.90/ 699.95.96.99

<u>Sud-Ouest</u>

- **Buéa:** MPE de **Molyko**: 677.86.47.68, Molyko, à côté d'Express Union, **Check Point**: 675.06.37.78
- **Ekona:** MPE: 675.84.26.91
- **Kumba:** Caisse populaire Carmel (CarCCUL), **Sonac Street**: 675.45.12.21, Glorious Christian Book Center, **Sonac Street**: 677.62.58.49
- **Lebialem:** MPE de **Talung**, Bamumbu - Wabane: 670.466.121
- **Limbé:** Librairie Amen, **New town**: 677.16.51.62, MPE de **Mawoh**: 675.78.94.19, MPE de **Cow Fence**: **<u>Centres RCR</u>**
- **Yaoundé:** ***Siège Tempête de prière***, **Biyem-Assi Carrefour,** en face Croisade Campus pour Christ: 681.72.24.04/ 696.565.864
- **Bamenda:** Revival Christian Book Center, **Cow Street**: 675.14.04.50/ 694.20.04.51
- **Douala/PK 8:** All American Depot en face Lycée **Cité des Palmiers**: 678.04.11.41/ 696.90.76.09/ 670.34.42.32

Adamaoua

- **Meinganga:** MPE: 699.65.02.67/ 670.00.70.24/ 696.13.79.81/ 699.26.14.95
- **N'Gaoundéré:** EEC Mont des Oliviers: 674.14.20.51, EEL: 690.06.37.14
- **Tibati:** EEC: 681.01.33.34

Centre

- **Bafia:** MPE: 675.21.92.95/ 695.54.96.14
- **Eseka:** MPE: 675.07.56.24
- **Mbalmayo:** EEC: 675.12.86.85/
- **Mfou:** MPE: 677.36.43.28
- **Monatélé:** MPE: 677.58.42.99
- **Obala:** Kana Computer Sces en face Palace: 676.00.26.27
- **Yaoundé:** EEC **Biyem-assi**: 675.61.86.00/ 677.49.95.83/ 691.26.18.08, EEC **Nlongkak**: 677.56.41.09, EEC **Nouvelle Alliance**: 670.80.56.93, MPE **Biyem-assi**: 675.14.72.70, MPE **Etoug-Ebé**: 671.47.75.78/ 673.50.42.33,Galaxy Computers, Châteaux **Ngoa-Ekelle**: 670.52.75.26
- **Yaoundé: Librairie Chrétienne** Les Champions en face Total Caveau, **Mvog-Ada**: 675.51.02.86, **LC Maison de la Grâce**, Montée Jouvence en face Olympia: 675.38.46.96, **LC Maison de la Bénédiction**, Marché Nsam: 691.64.47.84, **LC la Rhema**, Marché Essos, Terminus: 679.39.37.42, **LC Maison du Salut**, Pharmacie du Soleil, Carrefour MEEC: 674.85.16.33/ 699.33.85.11, **LC Livre de Vie**, Mini ferme: 675.00.45.60, **LC Bethesda**, Tsinga: 679.97.06.26, **Overcomers Christian Bookshop**, en face Djongolo Hospital, Etoa Meki: 677.164.620, **Mount Zion Christian Bookshop**, en face Sonel TKC: 663.258.623 / 675.219.435
- **Yaoundé: Tongolo**: 675.62.86.00, **Olembe**: 651.63.52.34, **DGI-Carrefour Abbia** 652.22.22.49, **Messassi**: 675.24.70.73, **Nkozoa**: 670.29.50.18, **Essos**: 677.53.94.52, **Odzja**: 672.34.34.68/ 679.97.47.08, **Etoug-Ebé**:

675.37.18.11, **Mimboman**: 699.90.52.84, **Poste Centrale**: 650.70.08.07, **Emombo**: 699.90.52.84, **Lycée Emana**: 677.86.23.14

Est

- **Batouri:** MPE: 664.86.41.80
- **Bertoua:** CBC, **quartier Ngaikada** ou **Aprilé centrale** sous-préfecture: 675.00.64.64, Collège Bilingue de l'Orient, entrée Hôpital Régionale, **quartier Italy**: 670.56.81.49, MPE, **Nkolbikon**: 696.57.95.43, 677.65.46.76, MPE, **Tigaza**: 674.15.13.18
- **Yokadouma:** MPE: 673.16.24.95/ 696.51.73.70

Extrême-Nord

- **Maroua:** AMI **Ouro-tchaedie**: 694.43.33.63, MPE de **Harde**: 675.33.12.27, Église Catholique Romaine: 673.15.19.76
- **Yagoua :** MPE: 675.691.869

Littoral

- **Douala: Dakar:** La Gloire Phone, immeuble X Tigi, Commissariat 11e: 697.60.57.85, **Kotto:** Behind Neptune fuel station, **Bloc M:** 677.68.18.52, **Bonaberi:** 677.89.87.46, **Akwa:** 691.04.14.59/ 677.91.29.45, **Logpom:** 677.68.18.52/ 651.78.57.30**, Carrefour Lycée de Maképé:** 698.09.42.63, **PK 12 (Marché):** 677.91.29.45/ 696.13.99.26, **Texaco-Nkoulouluon:** 675.18.79.85/695112610 691.04.14.59, **Terminus Saint Michel :** 675187985, La Gloire Phone, Maison X. Tigi, **Carrefour entrée Bille:** 678.19.90.85, **PK 21:** 670.79.05.40/ 691.04.14.59, **Bonanjo:** 691.04.14.59, 677061705 691.04.14.59, **Ange Raphael ESSEC:** 694.26.12.28/ 677.91.29.45, 698360441, **Bonamoussadi Maetur:** 694.26.12.28/ 677.91.29.45, **Village:** 670.79.05.40/ 691.04.14.5, Sure Foundation **Bonabéri:** Ancienne route op. Lycée de Bonaberi Winners Chapel: 671.403.761

- **Nkongsamba:** MPE: 676.40.90.55
- **Melong - GCEPAL:** Tél: 677.80.16.45

Nord

- **Garoua:** MPE: 677.35.62.73/ 694.77.94.78

Nord-Ouest

- **Bamenda:** Bamenda Main Market, **Boutique 15**: 679.451.188, Caisse populaire Carmel (CarCCUL), **Sonac Street**: 651.04.21.27, MPE Bureau régional du NO1, en face Garanti Express: 679.46.63.31, MPE, **Cow Street**: 677.21.97.22, MPE, **Mbomassa**: 683.40.40.88, Omega Fire Ministry, **Foncha junction**: 677.93.19.98, Siège ACADI, **Wakiki junction**: 673.51.19.53, SUMAN Christian Book Center, **Sonac Street**: 675.72.91.32/ 665.49.98.48, Victory Computers, Food Market, **Fishpond Hill**: 677.64.19.54, Femmes pleureuses: 696.00.35.07/ 674.57.36.76
- **Batibo:** MPE: 677.31.25.45
- **Mbingo/Njinikom:** BERUDA: 677.60.14.07
- **Jakiri:** MPE, **Nkar**: 677.73.82.91
- **Kumbo:** MPE: 675.72.91.32
- **Mbengwi:** MPE: 677.33.73.86
- **Ndop:** Bruno Bijouterie, gars centrale: 674.97.59.34
- **Wum:** MPE Central ville: 677.64.32.56, Eglise Presbytérienne de Kesu: 677.13.83.51

Ouest

- **Bafang:** MPE: 678.229.966
- **Bafoussam:** Alliance biblique du Cameroun, **Tamdja** derrière SOREPCO: 699.74.79.10, Radio Bonne Nouvelle: 699.93.09.32, LC du **Camp** oignon: 699.51.47.25, LC PAROLE DE VIE, **gare routière de** Ndiangdam: 699.75.50.99, Dépôt RAYON AMBIANCE **marché A**: 699.42.78.47, EEC **Tamdja**: 696.14.90.16, EEC **Kamkop**:

699.44.03.59, EEC **Plateau**: 696.17.54.23, EEC **Toket**: 695.56.43.61, EEC **SOCADA**: 697.85.65.65, EEC **Tyo-Baleng**: 670.89.70.52, EEC **Kouogouo**: 675.42.27.86, EEC **Diangdam**: 698.35.20.37, MPE **Kamkop**: 653.83.11.80, Faith Bible Church: 683.94.01.21

- **Baham :** MPE : 677.47.55.79
- **Bandjoun :** MPE : 676.41.49.09
- **Bangangte :** Eglise Evangélique du Cameroun **Banekane**: 677.86.47.68
- **Banyo :** MPE : 677.92.05.98 / 674.64.71.31
- **Dschang :** MPE : 675.18.79.85 / 656.20.07.02, MPE **Minmeto**: 681.08.78.37 / 655.01.81.09
- **Foumban :** Décoration Splendeur, **CAMOCO**/Tél. : 677.79.30.83/ 694.85.09.25
- **Kombou:** EEC: 675.81.36.07
- **Mbouda:** MPE: 696.10.41.33/ 676.36.18.11, Cyber Café Pressing à-côté d'Éspace Saint Pierre du Fossie, en face Maison du Partie: 675.00.91.15, EEC **Mbouda Centre**: 695.61.97.79

Sud

- **Ebolowa:** MPE: 677.66.00.19/ 671.90.97.22
- **Ebolowa:** 671.90.97.22
- **Kribi:** Carrefour Django: 675.957.912
- **Kye-Ossi:** MPE: 678.78.00.90/ 699.95.96.99

Sud-Ouest

- **Buéa:** MPE de **Molyko**: 677.86.47.68, Molyko, à côté d'Express Union, **Check Point**: 675.06.37.78
- **Ekona:** MPE: 675.84.26.91
- **Kumba:** Caisse populaire Carmel (CarCCUL), **Sonac Street**: 675.45.12.21, Glorious Christian Book Center, **Sonac Street**: 677.62.58.49

- **Lebialem:** MPE de **Talung**, Bamumbu - Wabane: 670.466.121
- **Limbé:** Librairie Amen, **New town**: 677.16.51.62, MPE de **Mawoh**: 675.78.94.19, MPE de **Cow Fence**: 675.73.20.02
- **Misaje:** Kingdom Restoration Parish (KRP) **en face de l'hôpital**: 679.33.66.53
- **Mutengene:** MPE: 675.36.36.84
- **Muyuka:** MPE: 673.428.985, Royal Priesthood Nursery and Primary School: 677.72.76.80
- **Tiko:** MPE: 654.887.557, 674.473.436
- **Tombel:** Eglise baptiste de Waterfall: 677.92.33.58

À l'Étranger :

- **N'Djamena (Tchad):** Evang. Kaltouma Aguidi: (235) 92.97.46.45 / 66.40.82.50
- **Libreville (Gabon):** Rev. Petipa Flaubert: (241) 05.31.27.39
- 675.73.20.02

- **Misaje:** Kingdom Restoration Parish (KRP) **en face de l'hôpital**: 679.33.66.53
- **Mutengene:** MPE: 675.36.36.84
- **Muyuka:** MPE: 673.428.985, Royal Priesthood Nursery and Primary School: 677.72.76.80
- **Tiko:** MPE: 654.887.557, 674.473.436
- **Tombel:** Eglise baptiste de Waterfall: 677.92.33.58

À l'Étranger :

- **N'Djamena (Tchad):** Evang. Kaltouma Aguidi: (235) 92.97.46.45 / 66.40.82.50
- **Libreville (Gabon):** Rev. Petipa Flaubert: (241) 05.31.27.39

Payez pour vos commandes des livres (DISTRIBUTEURS UNIQUEMENT) à : EcoBank N° : 0200212620638901 **ou** ORANGE Mobile Money, N° de compte : 696880058

Infos lignes : (237) 677.43.69.64, 675.68.60.05, 673.57.19.53, 679.46.57.17 ;
crnprayerstorm@gmail.com,
crnprayerstorm@christianrestorationnetwork.org,www.christianrestorationnetwork.org

Envoyer votre soutien financier à :
Ecobank N°: 0040812604565101 **ou** Carmel Cooperative Credit Union Ltd. Bamenda N° de compte: 261 **ou** ORANGE Mobile Money: 699902618 **ou** MTN Mobile Money: 674495895

PUBLICATIONS DU RÉSEAU CHRÉTIEN DE RESTAURATION (RCR/TEMPÊTE DE PRIÈRE)

1- Tempête de prière : guide de prière quotidienne
2- Le pouvoir doit changer de camp Tome 1 : Traiter avec les mauvaises fondations
3- Le pouvoir doit changer de camp Tome 2 : Poursuis, dépasse et récupère tout
4- Le pouvoir doit changer de camp Tome 3 : Jésus-Christ doit régner
5- Le pouvoir doit changer de camp Tome 4 : Lève-toi et brille
6- Le pouvoir doit changer de camp Tome 5 : La restauration des familles 1
7- Le pouvoir doit changer de camp Tome 6 : La restauration des familles 2
8- Le pouvoir doit changer de camp Tome 7 : Bâtis un autel
9- Le pouvoir doit changer de camp Tome 8 : Commander la victoire totale
10- Le pouvoir doit changer de camp Tome 9 : Jouir de votre liberté en Christ
11- Le pouvoir doit changer de camp Tome 10 : Percée surnaturelle
12- Festival de feu Séries no. 1 : Que le feu descende
13- Festival de feu Séries no. 2 : Vases oints
14- Festival de feu Séries no. 3 : Agent de Dieu pour le réveil
15- Festival de feu Séries no. 4 : Bâtir des autels de restauration
16- Festival de feu Séries no. 5 : Les fondements d'une famille bénie
17- Domination
18- Débordement Divin

19- Inébranlable
20- Des sommets plus élevés
21- Arrêter les destructeurs de la famille 1
22- Arrêter les destructeurs de la famille 2
23- Prier comme Jésus
24- Vaincre le géant appelé pauvreté
25- Une vie généreuse
26- Lie l'homme fort
27- Une délivrance personnelle et familiale pour toi
28- Faire la différence par le feu
29- Ton moment d'expansion divin
30- Jésus notre jubilé
31- Le choix d'un ami
32- Les Chrétiens et la politique
33- Une vie de prière dynamique
34- Restaurer les fondations brisées

NB : Tous nos parutions sont en Anglais et Français.

Pour obtenir des copies, veillez contacter votre librairie locale ou envoyez votre commande à :

Prayer Storm Team
BP 5018 Nkwen, Bamenda ;
Tel. : (237) 679.46.57.17 ou 675.68.60.05 ou 677.43.69.64
crnprayerstorm@gmail.com
prayerstorm@christianrestorationnetwork.org

Boutique Tempête de prière en ligne :

Avec MTN ou Orange Mobile Money *(pout les résidents au Cameroun)* et le portefeuille électronique *(pout ceux résidant à l'étranger)*, vous pouvez facilement obtenir la version électronique de ce livre et d'autres parutions du RCR via

www.amazon.fr au https://shorturl.at/pqxyT ou
www.christianrestorationnetwork.org/our-bookstore.
à https://goo.gl/ktf3rT

www.ingramcontent.com/pod-product-compliance
Lightning Source LLC
LaVergne TN
LVHW050534100826
845148LV00002B/557

* 9 7 8 1 6 3 6 0 3 3 4 9 5 *